路桥工程检测技术

赵越 刘兰 顾虓 主编

清华大学出版社
北京

内 容 简 介

本书共分为10个项目，主要内容包括检测前的准备，几何尺寸及路面厚度检测，路基路面压实度检测，路面平整度检测，路基路面承载能力检测，水泥混凝土强度检测，路面抗滑和渗水性能检测，基桩成孔质量检测，基桩完整性检测和基桩承载力检测。每个项目后附有项目实训操作用表和复习思考题，并配有知识拓展和教学微课视频，有助于学生对所学内容的总结及强化训练。

本书可作为交通土建、道路与桥梁工程技术、公路工程养护、公路工程检测技术、工程监理、工程测量等相关专业的教材，也可作为公路工程试验检测相关技术人员的参考用书。

本书封面贴有清华大学出版社防伪标签，无标签者不得销售。
版权所有，侵权必究。举报：010-62782989，beiqinquan@tup.tsinghua.edu.cn。

图书在版编目（CIP）数据

路桥工程检测技术 / 赵越，刘兰，顾虓主编．
北京：清华大学出版社，2025.1. -- ISBN 978-7-302-67900-4
Ⅰ. U41;U446
中国国家版本馆 CIP 数据核字第 2025H8J040 号

责任编辑：杜　晓
封面设计：曹　来
责任校对：刘　静
责任印制：丛怀宇

出版发行：清华大学出版社
网　　址：https://www.tup.com.cn, https://www.wqxuetang.com
地　　址：北京清华大学学研大厦 A 座　　　　邮　编：100084
社 总 机：010-83470000　　　　　　　　　　邮　购：010-62786544
投稿与读者服务：010-62776969，c-service@tup.tsinghua.edu.cn
质量反馈：010-62772015，zhiliang@tup.tsinghua.edu.cn
课件下载：https://www.tup.com.cn, 010-83470410
印 装 者：天津鑫丰华印务有限公司
经　　销：全国新华书店
开　　本：185mm×260mm　　　印　张：10.25　　　字　数：232 千字
版　　次：2025 年 1 月第 1 版　　　　　　　　印　次：2025 年 1 月第 1 次印刷
定　　价：49.00 元

产品编号：107082-01

前　言

本书依据教育部高等职业学校专业教学标准、人才培养目标和培养模式相适应的知识、技能和素质要求进行编写，紧跟时代的步伐，结合了全国交通类高职院校公路检测相关课程建设的改革成果，结合交通运输部现行的规范和标准，具有较强的针对性。本书从交通运输行业检测岗位的需求出发，结合公路水运工程试验检测专业技术人员职业资格考试的知识结构和实践能力要求，理论体系适度，组织结构合理，有较强的实用性。

本书共10个项目，每个项目由若干任务构成，主要包括检测前的准备、几何尺寸、压实度、平整度、承载能力、水泥混凝土强度、抗滑性能、基桩成孔质量检验、桩身完整性检测等。每个项目均给出了项目描述、教学目标，每个项目后面配有复习思考题，便于教师教学和学生课后进行复习巩固。

本书由江苏城乡建设职业学院赵越、刘兰、顾虓担任主编，江苏城乡建设职业学院蔡雷、文畅、张凡、肖健、陈飞参与编写，全书由赵越统稿。本书由常州市恒正交通工程试验检测中心有限公司产业教授储永坚主审。

本书获得江苏城乡建设职业学院重点教材建设项目资助。本书在编写过程中，得到了有关领导和部门的指导与帮助，并参考了许多文献，在此一并表示诚挚的谢意！由于编写时间和编者水平有限，书中不足之处在所难免，敬请广大作者批评指正。

编　者
2024年1月

目 录

项目1　检测前的准备 ………………………………………………… 1
　　任务1.1　试验检测数据整理方法 ……………………………… 1
　　任务1.2　数据的修约和极限数值的表示 ……………………… 6
　　任务1.3　路基路面现场测试选点方法 ………………………… 12
　　任务1.4　公路工程质量检验评定方法 ………………………… 16
　　知识拓展1　试验检测规程和机构设置 ………………………… 21
　　复习思考题 …………………………………………………………… 21

项目2　几何尺寸及路面厚度检测 ……………………………………… 23
　　任务2.1　路基路面几何尺寸检测 ……………………………… 23
　　任务2.2　挖坑及钻芯法测定路面厚度 ………………………… 29
　　知识拓展2　短脉冲雷达测定路面厚度 ………………………… 34
　　复习思考题 …………………………………………………………… 34

项目3　路基路面压实度检测 …………………………………………… 36
　　任务3.1　挖坑灌砂法测定压实度 ……………………………… 36
　　任务3.2　环刀法测定压实度 …………………………………… 42
　　任务3.3　钻芯法测定沥青面层压实度 ………………………… 45
　　复习思考题 …………………………………………………………… 47

项目4　路面平整度检测 ………………………………………………… 50
　　任务4.1　3m直尺测定平整度 …………………………………… 50
　　任务4.2　连续式平整度仪测定平整度 ………………………… 53
　　知识拓展3　车载式激光平整度仪测定平整度 ………………… 57
　　复习思考题 …………………………………………………………… 57

项目5　路基路面承载能力检测 ………………………………………… 59
　　任务5.1　土基现场CBR值测试 ………………………………… 59

任务 5.2　动力锥贯入仪测定路基路面 CBR ………………………… 63
　　任务 5.3　承载板测定土基回弹模量 ……………………………… 67
　　任务 5.4　贝克曼梁测定路基路面回弹弯沉 ……………………… 71
　　知识拓展 4　落锤式弯沉仪测定路面弯沉 ………………………… 75
　　复习思考题 ………………………………………………………… 75

项目 6　水泥混凝土强度检测 …………………………………………… 78
　　任务 6.1　回弹仪法测试水泥混凝土强度 ………………………… 78
　　任务 6.2　取芯法测试水泥混凝土路面强度 ……………………… 84
　　复习思考题 ………………………………………………………… 87

项目 7　路面抗滑和渗水性能检测 ……………………………………… 89
　　任务 7.1　手工铺砂法测定路面构造深度 ………………………… 89
　　任务 7.2　摆式仪测定路面摩擦系数 ……………………………… 93
　　任务 7.3　沥青路面渗水系数检测 ………………………………… 96
　　知识拓展 5　车载式激光构造深度仪测定路面构造深度 ………… 100
　　复习思考题 ………………………………………………………… 100

项目 8　基桩成孔质量检测 ……………………………………………… 104
　　任务 8.1　泥浆性能指标检测 ……………………………………… 104
　　任务 8.2　成孔质量检测 …………………………………………… 108
　　复习思考题 ………………………………………………………… 115

项目 9　基桩完整性检测 ………………………………………………… 117
　　任务 9.1　低应变反射波法 ………………………………………… 117
　　任务 9.2　超声波透射法 …………………………………………… 123
　　复习思考题 ………………………………………………………… 128

项目 10　基桩承载力检测 ……………………………………………… 130
　　任务 10.1　单桩竖向抗压静载试验 ……………………………… 130
　　任务 10.2　单桩水平静载试验 …………………………………… 139
　　任务 10.3　高应变动力试桩法 …………………………………… 145
　　复习思考题 ………………………………………………………… 151

附表 …………………………………………………………………………… 155

参考文献 ……………………………………………………………………… 156

项目 1 检测前的准备

项目描述

路桥工程试验检测工作是设计参数确定、施工质量控制、工程质量验收评定、养护管理决策的重要环节,涉及道路工程原材料、混合料和结构性能等方面的室内与现场试验检测项目的实际操作,试验检测数据处理、分析和评价。实施试验检测的依据为现行部颁有关标准、规程和规范。

从事路桥工程设计、施工、监理、质量监督或养护管理等工作的有关试验检测人员,必须很好地掌握专业基本知识、有关技术规定、试验检测基本理论和试验测试操作技能,这样才能胜任道路工程试验检测工作,提供客观、准确的试验检测结果和真实可靠的结论。为了更好地理解和应用路桥工程有关试验检测的原理与方法,需要掌握试验数据处理方法和公路工程质量检验评定标准。

教学目标

1. 知识目标

(1) 掌握检测数据的处理方法。
(2) 掌握路基路面现场测试常用的选点方法。
(3) 掌握公路工程质量检验评定方法。

2. 能力目标

(1) 能运用试验检测数据的修约规则。
(2) 能够对公路工程质量进行评价。

任务 1.1 试验检测数据整理方法

工程质量检验是工程质量管理的一个重要环节,是保证工程质量符合要求的必要手段。工程质量评价是以各种试验检测数据为依据的,试验检测采集得到的大量原始数据必须经过合理的分析处理,才能取得可靠的试验检测成果。

1.1.1 数据的基本处理方法

1. 数据保留位数

为了使试验检测数据记录、计算规范化,保证数据的精确性,数据处理应遵循一定的规则。在测量和数值计算中,确定取几位数字来代表测量或计算的结果时涉及有效数字问题。有效数字的位数越多,相对(绝对)误差就越小。在记录测量结果时,只允许末位可为由估读得来的不确定数字,其余数字均为准确数字,这些所记的数字称为有效数字。在量测或计算中,应按照有效数字有关判定准则合理确定有效数字的位数。

当试验结果由于计算或其他原因位数较多时,需采用数字修约的规则进行凑整。为了保证试验检测数据计算结果的精度,还应遵循计算法则的规定。

2. 数据的表达方法

如何对通过试验检测获得的一系列数据进行深入的分析,以便得到各参数之间的关系,甚至使用数学解析的方法,导出各参数之间的函数关系,这是数据处理的任务之一。测量数据的表达方法通常有表格法、图示法和经验公式法三种。

1) 表格法

表格法是指将试验中的一系列测量数据首先列成表格,然后进行其他的处理。列成表格既可表示出测量结果,也便于以后的计算,同时也是图示法和经验公式法的基础。

表格一般分为两种:试验检测数据记录表和试验检测结果表。

试验检测数据记录表是该项试验检测的原始记录表,它包括的内容有试验检测目的、内容摘要、试验日期、环境条件、检测仪器设备、原始数据、测量数据、结果分析以及参加人员和负责人等。

试验检测结果表只反映试验检测结果的最后结论,一般只有几个变量之间的对应关系。试验检测结果表应力求简明扼要,能说明问题。

2) 图示法

图示法的最大优点是一目了然,即从图形中可以非常直观地看出测量值的变化规律,如递增性或递减性,最大值或最小值,是否具有周期性变化规律等。

图示法的基本要点如下。

(1) 在直角坐标系中绘制测量数据的图形时,应以横坐标为自变量,纵坐标为对应的测量值。例如,分析平整度检测结果随路面纵向的变化情况,可设横坐标为桩号,纵坐标为国际平整度指数(IRI)。

(2) 坐标纸的大小及分度的选择应与测量数据的精度相适应。坐标分度值不一定自零起,可用低于试验数据的某一数值作起点和高于试验数据的某一数值作终点,曲线以基本占满全幅坐标纸为宜。

(3) 坐标轴应注明分度值的有效数字、名称和单位,必要时还应标明试验条件。坐标的文字,书写方向应与该坐标轴平行,在同一图上表示不同数据时应用不同的符号加以区别。

(4) 将每个试验数据在坐标系中用一个点标出,然后用直线将这些点相连,即可大致看出一组试验数据的变化特点。

3) 经验公式法

基于最小二乘法原理,通常可利用统计分析软件,对一组试验数据进行曲线拟合或回归分析得到经验公式,使测量数据不仅可用一条直线或曲线表示,而且可用与图形对应的一个经验公式来表示。应通过检验其相关性,明确所建立经验公式的准确性。精度达到一定要求的经验公式才能用于工程中。

1.1.2 数据的统计分析方法

在公路路基路面工程质量检验中，通常通过检测一定数量的点位或断面的质量指标来评价大面积的工程总体质量是否符合要求，即通过抽取总体中的一小部分样本加以检测来了解和分析总体质量状况，也就是抽样检验。

样本容量的大小，直接关系到判断结果的可靠性。一般来说，样本容量越大，可靠性越好，但检测所耗费的工作量也越大，成本也越高。因此，在路基路面工程施工控制和质量检验中，都规定了试验检测的频率。

按照我国路基路面工程有关施工技术规范和质量检验评定标准规定，需要对每个检测或评定路段内的测定值计算平均值、标准差、变异系数等统计量；按照数理统计原理计算检测或评定路段内的测定值的代表值，用代表值评价总体质量。

1. 数据的统计量计算

一个检测或评定路段内某项检测指标的测定值有 n 个，分别为 $x_1, x_2, \cdots, x_n$，其中任一个测定值表示为 x_i，可按下列方法计算其统计量。

1) 算术平均值 $\overline{X}$

算术平均值是表示一组数据集中位置最有用的统计特征量，经常用样本的算术平均值来代表总体的平均水平。算术平均值的计算公式如下：

$$\overline{X} = \frac{1}{n}(x_1 + x_2 + \cdots + x_n) = \frac{1}{n}\sum_{i=1}^{n} x_i \tag{1-1}$$

【例 1-1】 某路段沥青混凝土面层抗滑性能检测，摩擦系数（BPN）的检测值（共 10 个测点）分别为 58、56、60、53、48、54、50、61、57、55（摆值）。求摩擦系数的算术平均值。

解： 算术平均值为

$$\overline{\mathrm{BPN}} = \frac{58+56+60+53+48+54+50+61+57+55}{10} = 55.2$$

2) 标准差 S

标准差是衡量样本数据离散程度的指标。标准差的计算公式如下：

$$S = \sqrt{\frac{(x_1-\bar{x})^2 + (x_2-\bar{x})^2 + \cdots + (x_n-\bar{x})^2}{n-1}} = \sqrt{\frac{\sum_{i=1}^{n}(x_i-\bar{x})^2}{n-1}} \tag{1-2}$$

【例 1-2】 某路段沥青混凝土面层抗滑性能检测，摩擦系数的检测值（共 10 个测点）分别为 58、56、60、53、48、54、50、61、57、55（摆值），求样本标准差 S。

解： 由式(1-2)可知，样本标准差为

$$S = \left\{ \frac{1}{10-1} \left[\begin{array}{l} (58-55.2)^2 + (56-55.2)^2 + (60-55.2)^2 + (53-55.2)^2 + (48-55.2)^2 \\ + (54-55.2)^2 + (50-55.2)^2 + (61-55.2)^2 + (57-55.2)^2 + (55-55.2)^2 \end{array} \right] \right\}^{1/2}$$

$$= 4.13$$

3) 变异系数 C_v

变异系数反映样本数据波动的大小。变异系数是标准差 S 与算术平均值 $\overline{X}$ 的比

值,即

$$C_v = \frac{S}{\overline{X}} \times 100\% \tag{1-3}$$

【例 1-3】 若甲路段沥青混凝土面层的摩擦系数算术平均值为 55.2(摆值),标准差为 4.13(摆值);乙路段沥青混凝土面层的摩擦系数算术平均值为 60.8(摆值),标准差 4.27(摆值)。求两路段的变异系数。

解:由式(1-3)可知,两路段的变异系数分别为

甲路段: $$C_v = \frac{4.13}{55.2} \times 100\% = 7.48\%$$

乙路段: $$C_v = \frac{4.27}{60.8} \times 100\% = 7.02\%$$

从标准差看,$S_甲 < S_乙$,但从变异系数分析,$C_{v甲} > C_{v乙}$,说明甲路段的摩擦系数相对波动比乙路段的大,面层抗滑稳定性较差。

4)中位数 $\tilde{X}$

将 $X_1, X_2, \cdots, X_N$ 按其大小排序,以排在正中间的一个数表示总体的平均水平,称为中位数,或称中值。N 为奇数时,正中间的数只有一个;N 为偶数时,正中间的数有两个,取这两个数的平均值作为中位数,即

$$\tilde{X} = \begin{cases} X_{(N+1)/2} & (N \text{ 为奇数}) \\ \dfrac{X_{N/2} + X_{(N/2+1)}}{2} & (N \text{ 为偶数}) \end{cases} \tag{1-4}$$

【例 1-4】 某路段沥青混凝土面层抗滑性能检测,摩擦系数的检测值(共 10 个测点)分别为 58、56、60、53、48、54、50、61、57、55(摆值),求中位数。

解:检测值按大小次序排列为:61、60、58、57、56、55、54、53、50、48(摆值),根据式(1-4),则中位数为

$$\tilde{X} = \frac{X_{N/2} + X_{(N/2+1)}}{2} = \frac{56+55}{2} = 55.5$$

5)极差 R

极差 R 表示数据波动范围的大小,是 $X_1, X_2, \cdots, X_N$ 数据中的最大值 X_{max} 与最小值 X_{min} 之差,即

$$R = X_{max} - X_{min} \tag{1-5}$$

【例 1-5】 某路段沥青混凝土面层抗滑性能检测,摩擦系数的检测值(共 10 个测点)分别为 58、56、60、53、48、54、50、61、57、55(摆值),求极差。

解:由式(1-5)可知,检测数据的极差为

$$R = BPN_{max} - BPN_{min} = 61 - 48 = 13$$

极差没有充分利用数据的信息,但计算十分简单,仅适用于样本容量较小($n < 10$)的情况。

2. 可疑数据的剔除

在一组条件完全相同的重复试验中,个别的测量值可能会出现异常,如测量值过大或过小,这些过大或过小的测量数据是不正常的,或称为可疑的。对于这些可疑数据,应该用

数理统计的方法判别其真伪,并决定取舍。

可疑数据的舍弃可按照 K 倍标准差作为舍弃标准,即在数据分析中,舍弃那些在 $\overline{X}\pm KS$ 范围以外的实测值。当试验数据 N 为 3、4、5、6 个时,K 值分别为 1.15,1.46,1.67,1.82;N 大于或等于 7 时,K 值用 3。

取 $3S$ 的理由:根据随机变量的正态分布规律,在多次试验中,测量值落在 $\overline{X}-3S$ 与 $\overline{X}+3S$ 之间的概率为 99.73%,出现在此范围之外的概率仅为 0.27%。

舍弃可疑值后,应重新计算平均值、标准差、变异系数等统计量,并分析测量值出现异常的原因,对路基路面质量检测出现异常测量值的测点及区域进行妥善处理。

3. 代表值

代表值的确定与测定值的概率分布有关。实践表明,公路路基路面工程试验检测项目测定值的大小所出现的概率分布大多服从正态分布或 t 分布。

在公路工程质量检验与评定中,对有的指标限定下限,如压实度、路面结构层厚度、半刚性基层和底基层材料强度;对有的指标限定上限,如弯沉值。某个质量指标只规定了低限 L 时,其代表值取平均值的单边置信下限,应满足 $X\geqslant L$ 的要求;某个质量指标只规定了高限 U 时,其代表值取平均值的单边置信上限,应满足 $X\leqslant U$ 的要求。

一般来说,当测点数 $N>30$ 时,按正态分布计算试验检测数据的代表值;当测点数 N 较少时,按 t 分布计算试验检测数据的代表值。

1) 服从正态分布数据的代表值

公路路基路面工程质量检验评定方法中,对于服从正态分布的检测数据,计算代表值时应考虑保证率 α,用 Z_α 表示保证率系数。

当限定上限时,代表值 X 的评定标准为

$$X=\overline{X}+Z_\alpha S\leqslant U$$

当限定下限时,代表值 X 的评定标准为

$$X=\overline{X}-Z_\alpha S\geqslant L$$

不同保证率时的 Z_α 值见表 1-1。

表 1-1 Z_α 值

保证率(%)	Z_α	保证率(%)	Z_α
90	1.282	97.72	2.0
93	1.5	99.87	3.0
95	1.645		

2) 服从 t 分布数据的代表值

对于服从 t 分布的检测数据,计算代表值时考虑保证率 α。

当限定上限时,代表值 X 的评定标准为

$$X=\overline{X}+t_\alpha\frac{S}{\sqrt{N}}\leqslant U \tag{1-6}$$

当限定下限时,代表值 X 的评定标准为

$$X = \overline{X} - t_\alpha \frac{S}{\sqrt{N}} \geqslant L \tag{1-7}$$

式中,t_α 的数值不仅与保证率 α 有关,还随测点数 N 的不同而变化,其计算复杂,有专用表格可查用。

任务 1.2　数据的修约和极限数值的表示

数值修约是指通过省略原数值的最后若干位数字,调整所保留的末位数字,使最后所得到的值最接近原数值的过程。经数值修约后的数值称为(原数值的)修约值。

修约间隔是指修约值的最小数值单位。修约间隔的数值一经确定,修约值即为该数值的整数倍。例如,如果指定修约间隔为 0.1,修约值应在 0.1 的整数倍中选取,相当于将数值修约到一位小数;如果指定修约间隔为 100,修约值应在 100 的整数倍中选取,相当于将数值修约到"百"数位。

1.2.1　数值修约规则

1. 确定修约间隔

- 指定修约间隔为 10^{-n}(n 为正整数),或指明将数值修约到 n 位小数。
- 指定修约间隔为 1,或指明将数值修约到"个"数位。
- 指定修约间隔为 10^n(n 为正整数),或指明将数值修约到 10^n 数位,或指明将数值修约到"十""百""千"……数位。

2. 进舍规则

(1) 如拟舍弃数字的最左一位数字小于 5,则舍去,保留其余各位数不变。

【例 1-6】　将 12.1498 修约到"个"数位,得 12;将 12.14988 修约到一位小数,得 12.1。

【例 1-7】　某沥青针入度测试值为 70.1、69.5、70.8(0.1mm),则该沥青试验结果为:先算得平均值为 70.1,然后进行取整(即修约到个数位),得针入度试验结果是 70(0.1mm)。

(2) 如拟舍弃数字的最左一位数字大于 5,则进一,即保留数字的末位数字加 1。

【例 1-8】　将 1268 修约到"百"数位,得 13×10^2(特定场合可写为 1300);将 1268 修约到"十"数位,得 12.7×10^2(特定场合可写为 1270)。

说明:"特定场合"指修约间隔明确时。

(3) 如拟舍弃数字的最左一位数字是 5,且其后有非 0 数字时进一,即保留数字的末位数字加 1。

【例 1-9】　将 10.5002 修约到"个"数位,得 11。

(4) 如拟舍弃数字的最左一位数字为 5,且其后无数字或皆为 0 时,若所保留的末位数字为奇数(1,3,5,7,9)则进一,即保留数字的末位数字加 1;若所保留的末位数字为偶数(0,2,4,6,8),则舍去,即"奇进偶不进"。

【例 1-10】　将 12.500 修约到个位数,得 12。

将 13.500 修约到个位数,得 14。

【例 1-11】 修约间隔为 0.1(或 10^{-1})。

拟修约数值	修约值
1.050	10×10^{-1}(特定场合可写为 1.0)
0.35	4×10^{-1}(特定场合可写为 0.4)

【例 1-12】 修约间隔为 1000(或 10^3)。

拟修约数值	修约值
2500	2×10^3(特定场合可写为 2000)
3500	4×10^3(特定场合可写为 4000)

【例 1-13】 数值准确至三位小数(修约间隔为 0.001 或 10^{-3})。

某沥青密度试验测试值分别为 1.034、1.031(g/cm^3),则该沥青密度试验结果为:先算出平均值为 1.0325(g/cm^3),修约后试验结果是 1.032g/cm^3。

负数修约时,先将它的绝对值按上述的规定进行修约,然后在所得值前面加上负号。

【例 1-14】 将下列数值修约到"十"数位。

拟修约数值	修约值
−355	-36×10(特定场合可写为 −360)
−325	-32×10(特定场合可写为 −320)

【例 1-15】 将下列数值修约到三位小数,即修约间隔为 10^{-3}。

拟修约数值	修约值
−0.0365	-36×10^{-3}(特定场合可写为 −0.036)

3. 不允许连续修约

拟修约数字应在确定修约间隔或指定修约数位后一次修约获得结果,不得多次按进舍规则连续修约。

【例 1-16】 修约 97.46,修约间隔为 1。

正确的做法:97.46→97。

不正确的做法:97.46→97.5→98。

【例 1-17】 修约 15.4546,修约间隔为 1。

正确的做法:15.4546→15。

不正确的做法:15.4546→15.455→15.46→15.5→16。

在具体实施中,有时测试与计算部门先将获得数值按指定的修约数位多一位或几位报出,而后由其他部门判定。为避免产生连续修约的错误,应按下述步骤进行。

(1) 报出数值最右的非零数字为 5 时,应在数值右上角加"+"或加"−"或不加符号,分别表明已进行过舍、进或未舍未进。

【例 1-18】 16.50^+ 表示实际值大于 16.50,经修约舍弃为 16.50;16.50^- 表示实际值小于 16.50,经修约进一为 16.50。

(2) 如需对报出值进行修约,当拟舍弃数字的最左一位数字为 5,且其后无数字或皆为零时,数值右上角有"+"者进一,有"−"者舍去,其他仍按进舍规则进行。

【例 1-19】 将下列数值修约到"个"数位(报出值多保留一位,保留一位小数)。

实测值	报出值	修约值
15.4546	15.5⁻	15
−15.4546	−15.5⁻	−15
16.5203	16.5⁺	17
−16.5203	−16.5⁺	−17
17.5000	17.5	18

4. 0.5 单位修约与 0.2 单位修约

在对数值进行修约时,若有必要,也可采用 0.5 单位修约或 0.2 单位修约。

1) 0.5 单位修约(半个单位修约)

0.5 单位修约是指按指定修约间隔对拟修约的数值按 0.5 单位进行的修约。

0.5 单位修约方法如下:将拟修约数值 X 乘以2,按指定修约间隔对 $2X$ 依进舍规则修约,所得数值($2X$ 修约值)再除以2。

【例 1-20】 将下列数字修约到"个"数位的 0.5 单位修约。

拟修约数值 X	$2X$	$2X$ 修约值	X 修约值
60.25	120.50	120	60.0
60.38	120.76	121	60.5
60.28	120.56	121	60.5
−60.75	−121.50	−122	−61.0

【例 1-21】 某沥青软化点试验测试值为 48.2℃、48.79℃,结果准确至 0.5℃。则该沥青软化点试验结果为:先算得平均值为 48.495℃,修约后试验结果如下。

拟修约数值 X	$2X$	$2X$ 修约值	X 修约值
48.495	96.99	97	48.5

2) 0.2 单位修约

0.2 单位修约是指按指定修约间隔对拟修约的数值按 0.2 单位进行的修约。

0.2 单位修约方法如下:将拟修约数值 X 乘以5,按指定修约间隔对 $5X$ 依进舍规则修约,所得数值($5X$ 修约值)再除以5。

【例 1-22】 将下列数字修约到"百"数位的 0.2 单位修约。

拟修约数值 X	$5X$	$5X$ 修约值	X 修约值
830	4150	4200	840
842	4210	4200	840
832	4160	4200	840
−930	−4650	−4600	−920

1.2.2 有效数字运算规则

在运算中,经常有不同有效位数的数据参加运算。在这种情况下,需对有关数据进行适当的处理。

1. 加减运算

当几个数据相加或相减时,它们的小数点后的数字位数及其和或差的有效数字的保留,应以小数点后位数最少(即绝对误差最大)的数据为依据,如图1-1所示。

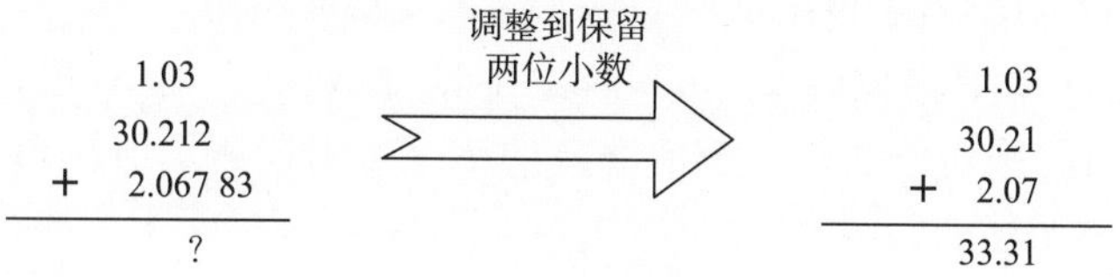

```
     1.03                              1.03
    30.212        调整到保留            30.21
  + 2.067 83       两位小数    ==>    + 2.07
  ─────────                           ──────
      ?                                33.31
```

图1-1 相加运算

如果数据的运算量较大时,为了使误差不影响结果,可以对参加运算的所有数据多保留一位数字进行运算。

2. 乘除运算

几个数据相乘或相除时,各参加运算数据所保留的位数,以有效数字位数最少的为标准,其积或商的有效数字也以此为准。例如,当 $0.0121 \times 30.64 \times 2.05782$ 时,其中 0.0121 的有效数字位数最少,所以,其余两数应修约成 30.6 和 2.06 与之相乘,即 $0.0121 \times 30.6 \times 2.06 = 0.763$。

1.2.3 极限数值的定义与书写极限数值的一般原则

极限数值定义:标准(或技术规范)中规定考核的以数量形式给出且符合该标准(或技术规范)要求的指标数值范围的界限值。

标准(或技术规范)中规定考核的以数量形式给出的指标或参数等,应当规定极限数值。极限数值表示符合该标准要求的数值范围的界限值,它通过给出最小极限值和(或)最大极限值,或给出基本数值与极限偏差值等方式表达。

标准中极限数值的表示形式及书写位数应适当,其有效数字应全部写出。书写位数表示的精确程度,应能保证产品或其他标准化对象应有的性能和质量。

1.2.4 表示极限数值的用语

(1) 常用的表达极限数值的基本用语及符号,见表1-2。

表1-2 表达极限数值的基本用语及符号

基本用语	符号	特定情形下的基本用语			备 注
大于 A	$>A$		多于 A	高于 A	测定值或计算值恰好为 A 值时,不符合要求
小于 A	$<A$		少于 A	低于 A	测定值或计算值恰好为 A 值时,不符合要求
大于或等于 A	$\geqslant A$	不少于 A	不少于 A	不低于 A	测定值或计算值恰好为 A 值时,符合要求
小于或等于 A	$\leqslant A$	不大于 A	不多于 A	不高于 A	测定值或计算值恰好为 A 值时,符合要求

注:1. A 为极限数值。
    2. 允许采用以下习惯用语表达极限数值:
      (1) "超过 A",指数值大于 $A(>A)$;
      (2) "不足 A",指数值小于 $A(<A)$;
      (3) "A 及以上"或"至少 A",指数值大于或等于 $A(\geqslant A)$;
      (4) "A 及以下"或"至多 A",指数值小于或等于 $A(\leqslant A)$。

【例1-23】 钢中磷的残量小于0.035%，$A=0.035\%$。

【例1-24】 钢丝绳抗拉强度不小于22×10^2MPa，$A=22\times10^2$MPa。

【例1-25】 一组沥青混合料试件马歇尔稳定度（单位：kN）分别为13.10、12.38、16.95、10.77、12.98、11.33，求该组试件马歇尔稳定度试验结果。

首先求得稳定度的平均值为12.92kN，由于试件数为6，则K值取1.82，标准差为2.18，若每个测定值与平均值之差大于标准差的K倍，则该测定值应舍弃，因此16.95超出范围，被舍弃。

（2）基本用语可以组合使用，表示极限值范围。

对特定的考核指标X，允许采用下列用语和符号（表1-3）。同一标准中一般只使用一种符号。

表1-3 对特定的考核指标X，允许采用的表达极限数值的组合用语及符号

组合基本用语	组合允许用语	符号		
		表示方式Ⅰ	表示方式Ⅱ	表示方式Ⅲ
大于或等于A且小于或等于B	从A到B	$A\leqslant X\leqslant B$	$A\leqslant\cdot\leqslant B$	$A\sim B$
大于A且小于或等于B	超过A到B	$A<X\leqslant B$	$A<\cdot\leqslant B$	$>A\sim B$
大于或等于A且小于B	至少A不足B	$A\leqslant X<B$	$A\leqslant\cdot<B$	$A\sim<B$
大于A且小于B	超过A不足B	$A<X<B$	$A<\cdot<B$	

① 带有极限偏差值的数值。基本数值A带有绝对极限上偏差值$+b_1$和绝对极限下偏差值$-b_2$，指从$A-b_2$到$A+b_1$符合要求，记为$A_{-b_2}^{+b_1}$。

注：当$b_1=b_2=b$时，$A_{-b_2}^{+b_1}$可简记为$A\pm b$。

【例1-26】 80_{-1}^{+2}mm，指从79mm到82mm符合要求。

② 基本数值A带有相对极限上偏差值$+b_1\%$和相对极限下偏差值$-b_2\%$，指实测值或其计算值R对于A的相对偏差值$[(R-A)/A]$从$-b_2\%$到$+b_1\%$符合要求，记为$A_{-b_2}^{+b_1}\%$。

注：当$b_1=b_2=b$时，$A_{-b_2}^{+b_1}\%$可记为$A(1\pm b\%)$。

【例1-27】 510Ω$(1\pm5\%)$，指实测值或其计算值R(Ω)对于510Ω的相对偏差值$[(R-510)/510]$从-5%到$+5\%$，符合要求。

③ 对基本数值A，若极限上偏差值$+b_1$和（或）极限下偏差值$-b_2$使得$A+b_1$和（或）$A-b_2$不符合要求，则应附加括号，写成$A_{-b_2}^{+b_1}$(不含b_1和b_2)或$A_{-b_2}^{+b_1}$(不含b_1)、$A_{-b_2}^{+b_1}$(不含b_2)。

【例1-28】 80_{-1}^{+2}(不含2)mm，指从79mm到接近但不足82mm符合要求。

【例1-29】 510Ω$(1\pm5\%)$(不含5%)，指实测值或其计算值R(Ω)对于510Ω的相对偏差值$[(R-510)/510]$从-5%到接近但不足$+5\%$，符合要求。

1.2.5 测定值或其计算值与标准规定的极限数值作比较的方法

1. 总的要求

（1）在判定测定值或计算值是否符合标准要求时，应将测试所得的测定值或其计算值

与标准规定的极限数值作比较,比较的方法可采用全数值比较法、修约值比较法。

(2) 当标准或有关文件对极限值(包括带有极限偏差值的数值)无特殊规定时,均应使用全数值比较法。如规定采用修约值比较法,应在标准中加以说明。

(3) 若标准或有关文件规定了使用其中一种比较方法时,一经确定,不得改动。

2. 全数值比较法

将测试所得的测定值或计算值不经修约处理(或虽经修约处理,但应标明它是经舍、进或未进未舍而得),用该数值与规定的极限数值作比较,只要超出极限数值规定的范围(不论超出多少),都判定为不符合要求,示例与比较见表1-4。

表 1-4 全数值比较法和修约值比较法的示例与比较

项目	极限数值	测定值或其计算值	按全数值比较是否符合要求	修约值	按修约值比较是否符合要求
中碳钢抗拉强度(MPa)	≥14×100	1349	不符合	13×100	不符合
		1351	不符合	14×100	符合
		1400	符合	14×100	符合
		1402	符合	14×100	符合
NaOH的质量分数(%)	≥97.0	97.01	符合	97.0	符合
		97.00	符合	97.0	符合
		96.96	不符合	97.0	符合
		96.94	不符合	96.9	不符合
中碳钢的硅的质量分数(%)	≤0.5	0.452	符合	0.5	符合
		0.500	符合	0.5	符合
		0.549	不符合	0.5	符合
		0.551	不符合	0.6	不符合
中碳钢的锰的质量分数(%)	1.2～1.6	1.151	不符合	1.2	符合
		1.200	符合	1.2	符合
		1.649	不符合	1.6	符合
		1.651	不符合	1.7	不符合
盘条直径(mm)	10.0±0.1	9.89	不符合	9.9	符合
		9.85	不符合	9.8	不符合
		10.10	符合	10.1	符合
		10.16	不符合	10.2	不符合
	10.0±0.1(不含0.1)	9.94	符合	9.9	不符合
		9.96	符合	10.0	符合
		10.06	符合	10.1	不符合
		10.05	符合	10.0	符合

续表

项　目	极限数值	测定值或其计算值	按全数值比较是否符合要求	修约值	按修约值比较是否符合要求
盘条直径(mm)	10.0±0.1（不含＋0.1）	9.94	符合	9.9	符合
		9.86	不符合	9.9	符合
		10.06	符合	10.1	不符合
		10.05	符合	10.0	符合
	10.0±0.1（不含－0.1）	9.94	符合	9.9	不符合
		9.86	不符合	9.9	不符合
		10.06	符合	10.1	符合
		10.05	符合	10.0	符合

注：表中的示例并不表明这类极限数值都应采用全数值比较法或修约值比较法。

3. 修约值比较法

（1）将测定值或其计算值进行修约，修约数位应与规定的极限数值数位一致。当测试或计算精度允许时，应先将获得的数值按指定的修约数位多一位或几位报出，然后按进舍规则修约至规定的数位。

（2）将修约后的数值与规定的极限数值进行比较，只要超出极限数值规定的范围（不论超出多少），都判定为不符合要求。

任务1.3　路基路面现场测试选点方法

1.3.1　抽样检验

1. 总体与样本

检验是质量管理工作的重要内容之一，常称为质量检验，其主要功能是对产品的合格性进行检验，除重要项目外，大多数采用抽样检验，这就涉及总体与样本的概念。总体又称为母体，是统计分析中所要研究对象的全体；而组成总体的每个单元称为个体。

从总体中抽取的部分个体就是样本（又称为子样）。例如，从每一桶沥青中抽取2个试样，这一批沥青有100桶，抽检了200个试样做试验，1000桶沥青称为总体，200个试样就是样本。而组成样本的每一个个体即为样品。样本中的某一个就是该样本中的一个样品。

检验的意义：将用某种方法检验物品的结果与质量判定标准进行比较，判断出各个物品是"合格"还是"不合格"。

2. 抽样检验的意义

在产品检验中，全数检验的应用场合很少，大多数情况下是采取抽样检验，原因如下。

（1）由于无破损检验仪器器械的种类少，性能难以稳定，在不采用无破损性检验时，就得采用破坏性检验，而破坏性检验是不可能对全部产品都做检验的。

（2）当检验对象为连续性物体或粉块混合物（如沥青、水泥等）时，一般情况下不可能对全体物品的质量特性进行检测试验。

（3）由于产品批的质量往往有所波动，采用全数检验实际上做不到，用无损检验也有可能导致由于产品不良品率高而带来重大经济损失。

（4）抽样检验。由于检验的样本较少，所以可以收集质量信息，提高检验的全面程度，促进产品质量的改善。

1.3.2 路基路面现场测试选点方法

公路路基路面工程线长面广，质量检验只能采用抽样检验，即从待检工程中抽取样本，根据样本的质量检查结果，推断整个待检工程的质量状况。随机抽样是以数理统计的原理，根据样本取得的质量数据来推测、判断总体质量的一种科学抽样检验方法。随机抽样可排除人的主观因素，使待检总体中每一个产品具有同等被抽取到的机会，能客观地反映总体的质量状况，因而被广泛使用，路基路面工程质量检验就采用了随机抽样的方法。

路基路面工程体量庞大，现场测试项目只能采取抽样方法确定测试的位置。路基路面现场测试选点方法包括均匀法、随机法、定向法、连续法和综合法。

1. 均匀法

将道路沿纵向或横向进行等间距划分，并在划分点处做好标记，在划分点上布置测点，如图1-2所示。

图1-2 均匀法选点示意图

2. 随机法

用随机数表征测点位置信息，常用的位置信息包括里程桩号、离道路中线的距离等，从而确定测点位置。

3. 定向法

选取轮迹带或出现裂缝、错台、板角等具有某个特征或指定位置作为测点，如图1-3所示。

图1-3 定向法选点示意图

4. 连续法

按相应标准的规定，沿道路纵向间距连续、均匀布置测区，如图1-4所示。

图 1-4 连续法选点示意图

5. 综合法

同时使用上述两种以上的选点方法,确定测点位置。通常沿道路纵向连续选择测区,测区内随机选择测点,或者沿道路纵向均匀确定测区,测区内定向选取测点等。

1.3.3 随机选点方法

《公路路基路面现场测试规程》(JTG 3450—2019)规定了公路路基路面现场测试随机选点方法。随机取样选点的方法是按数理统计原理在路基路面现场测试时确定测点位置的方法。

应事先备好量尺(如钢尺、皮尺或测距仪等);编号为1~28,共28块硬纸片,装在一个布袋中;随机数表或能够产生随机数的计算机软件(如 WPS 表格、Excel 等)。

《公路路基路面现场测试规程》(JTG 3450—2019)提供了一般取样的随机数表,包括栏号1~栏号28,每个栏号下分为 A、B、C 三列,A 列为 01~30 的随机数,B 列和 C 列为小于 1 的 3 位小数的随机数。

根据路基路面施工或验收、质量评定方法等有关规范要求,确定需要测试的路段。它可以是一个作业段、一天完成的路段或路线全程。如在路基路面工程质量验收时,通常以 1km 为一个测试路段。

1. 选取测试区间或断面(纵向位置)的步骤

(1) 按照有关标准规范规定的测试区间(断面)数量要求,将确定的测试路段划分为若干区间或断面,将其编号为第 1~n 个区间或第 1~n 个断面,其总的区间数或断面数为 T。公路路基路面测试一般采用等长度(间距)划分区间(断面)。当区间(断面)数量 $T>30$ 时,应分次选取,若采用计算机软件进行随机选取,则不受选取数量的限制。

(2) 随机抽取一块硬纸片,硬纸片上的编号即对应一般取样的随机数表上的栏号。根据所抽取硬纸片对应的栏号,依次找出该栏号下 A 列 1~n 对应的 B 列中的值,也可通过计算机软件产生对应 A 值的 B 值,即得到 n 组 A、B 值。

(3) 将 n 个 B 值与总区间数或断面数 T 相乘,四舍五入成整数,即得到 n 个断面的编号,即可根据该编号确定实际断面位置。

例如,按照有关规范规定,拟从 K36+000~K37+000 的 1km 检测路段中选择 20 个断面测定路面宽度、高程、横坡等外形尺寸,可采取以下方法确定断面。

① 按照 20m 等间距对拟测试路段内的断面进行编号,则 1km 总长的断面数 $T=1000/20=50$(个),其编号为 1,2,…,50。

② 从布袋中摸出一张硬纸片,如其编号为 14,则使用一般取样的随机数表的第 14 栏。

③ 从第 14 栏 A 列数值中挑出小于或等于 20 所对应的 B 列数值,将 B 与 T 相乘,四舍五入得到 20 个断面号,断面号乘以选择断面数,并得到 20 个断面的桩号。上述计算结果如表 1-5 所示。

表 1-5 随机选取测试断面(纵向位置)示例计算表

断面编号	14 栏 A 列	B 列	B×T	断面号	桩 号
1	17	0.089	4.45	4	K36+080
2	10	0.149	7.45	7	K36+140
3	13	0.244	12.2	12	K36+240
4	08	0.264	13.2	13	K36+260
5	18	0.285	14.25	14	K36+280
6	02	0.340	17.05	17	K36+340
7	06	0.359	17.95	18	K36+360
8	14	0.392	19.60	20	K36+400
9	03	0.408	20.40	20	K36+420
10	16	0.527	26.35	26	K36+520
11	20	0.531	26.55	27	K36+540
12	05	0.787	39.35	39	K36+780
13	15	0.801	40.05	40	K36+800
14	12	0.836	41.8	42	K36+840
15	04	0.854	42.7	43	K36+860
16	11	0.884	44.2	44	K36+880
17	19	0.886	44.3	44	K36+900
18	07	0.929	46.45	46	K36+920
19	09	0.932	46.6	47	K36+940
20	01	0.970	48.5	49	K36+980

2. 选取测点(纵向及横向位置)的步骤

(1) 按照有关标准规范要求确定测点数量 n。当 $n>30$ 时应分次选取,若采用计算机软件进行随机选取,则不受选取数量的限制。

(2) 随机抽取一块硬纸片,纸片上的编号即对应一般取样的随机数表中的栏号。根据所抽取硬纸片的栏号,依次找出该栏号下 A 列 1~n 值对应的 B、C 列中的值,也可通过计算机软件产生对应 A 值的 B 值和 C 值,即得 n 组 A、B、C 值。

(3) 以 A 列中对应的 B 列中数值乘以测试路段的总长度,再加上测试路段起点的桩号,即得出取样纵向位置,即断面桩号。

(4) 以 A 列中对应的 C 列中的数值,乘以检查路面的宽度,再减去宽度的一半,即得出取样位置离路面中心线的距离。若差值为正(+),则表示在中心线的右侧;若差值为负(—),则表示在中心线的左侧。

例如,按照有关规范规定,检查验收时拟在 K36+000~K37+000 的 1km 检测路段中选择 6 个测点进行钻孔取样检验压实度、沥青用量和矿料级配等,可按照如下方法确定钻孔位置。

① 随机抽取一张硬纸片,比如其编号为 3。

② 一般取样的随机数表中栏号 3 的 A 列中从上至下小于或等于 6 的数为 01、06、03、02、04、05。

③ 栏号 3 的 B 列中与 A 列这 6 个数相应的 6 个小数为 0.175、0.310、0.494、0.699、0.838、0.977。

④ 取样路段长度 1000m,计算得出 6 个乘积(取样位置与该段起点的距离)分别为 175m、310m、494m、699m、838m、977m。

⑤ 栏号 3 的 C 列中与 A 列这 6 个数相应的 6 个小数为 0.641、0.063、0.929、0.073、0.166、0.494。

⑥ 路面宽度为 10m,计算得 6 个乘积分别是 6.41m、0.63m、9.29m、0.73m、1.66m、4.94m。再减去路面宽度的一半,6 个取样的横向位置分别是右侧 1.41m、左侧 4.37m、右侧 4.29m、左侧 4.27m、左侧 3.34m、左侧 0.06m。上述计算结果如表 1-6 所示。

表 1-6 随机选取测点(纵向和横向位置)示例计算表

	栏号 3		取样路段长 1000m		路面宽度 10m	测点数 6 个
测点编号	A 列	B 列	距起点距离(m)	桩号	C 列	距路边缘距离(m)	距中线位置
No.1	01	0.175	175	K36+175	0.641	6.41	右 1.41
No.2	06	0.310	310	K36+310	0.063	0.63	左 4.37
No.3	03	0.494	494	K36+494	0.929	9.29	右 4.29
N0.4	02	0.699	699	K36+699	0.073	0.73	左 4.27
No.5	04	0.838	838	K36+838	0.166	1.66	左 3.34
No.6	05	0.977	977	K36+977	0.494	4.94	左 0.06

任务 1.4 公路工程质量检验评定方法

1.4.1 公路工程质量检验与等级评定的依据

《公路工程质量检验评定标准第一册 土建工程》(JTG F80/1—2017)适用于工程施工单位、工程监理单位、建设单位、质量检测机构和质量监督部门对公路工程质量的管理、监控和检验评定。它是公路工程质量检查与验收的评定依据,适用于各等级公路新建、改扩建工程。

(1) 公路工程质量检验评定应按分项工程、分部工程、单位工程逐级进行,并应符合下列规定。

① 在合同段中,具有独立施工条件和结构功能的工程为单位工程。

② 在单位工程中,按路段长度结构部位及施工特点等划分的工程为分部工程。

③ 在分部工程中,根据施工工序、工艺或材料等划分的工程为分项工程,见表1-7。

(2) 公路工程质量检验评定应符合下列规定。

① 分项工程完工后,应根据该标准进行检验,对工程质量进行评定。隐蔽工程在隐蔽前应检查合格。

② 分部工程、单位工程完工后,应汇总评定所属分项工程、分部工程质量资料,检查外观质量,对工程质量进行评定。

表1-7 一般建设项目的工程划分

单位工程	分部工程	分项工程
路基工程(每10km或每标段)	路基土石方工程(1~3km路段)①	土方路基,填石路基,软土地基处置,土工合成材料处治层等
	排水工程(1~3km路段)	管节预制,混凝土排水管施工,检查(雨水)井砌筑,土沟,浆砌水沟,盲沟,跌水,急流槽,水簸箕,排水泵站沉井、沉淀池等
	小桥及符合小桥标准的通道、人行天桥、渡槽(每座)	钢筋加工及安装,砌体,混凝土扩大基础,钻孔灌注桩,混凝土墩、台,墩、台身安装,台背填土,就地浇筑梁、板、预制安装梁、板,就地浇筑拱圈,混凝土桥面板桥面防水层,支座垫石和挡块,支座安装,伸缩装置安装,栏杆安装,混凝土护栏,桥头搭板,砌体坡面护坡,混凝土构件表面防护,桥梁总体等
	涵洞、通道(1~3km路段)①	钢筋加工及安装,涵台,管节预制,管座及涵管安装,波形钢管涵安装,盖板预制,盖板安装,箱涵浇筑,拱涵浇(砌)筑,倒虹吸竖井、集水井砌筑,一字墙和八字墙,涵洞填土,顶进施工的涵洞,砌体坡面防护,涵洞总体等
	防护支挡工程(1~3km路段)①	砌体挡土墙,墙背填土,边坡锚固防护,土钉支护,砌体坡面防护,石笼防护,导流工程等
	大型挡土墙、组合挡土墙(每处)	钢筋加工及安装,砌体挡土墙,悬臂式挡土墙,扶壁式挡土墙,锚杆、锚定板和加筋挡土墙,墙背填土等
路面工程(每10km或每标段)	路面工程(1~3km路段)①	垫层、底基层、基层、面层、路缘石、路肩等
桥梁工程②(每座或每合同段)	基础及下部构造(1~3墩台)③	钢筋加工及安装,预应力筋加工和张拉,预应力管道压浆,混凝土扩大基础,钻孔灌注桩,挖孔桩,沉入桩,灌注桩桩底压浆,地下连续墙,沉井,沉井、钢围堰的混凝土封底,承台等大体积混凝土结构,砌体,混凝土墩、台,墩台身安装,支座垫石和挡块,拱桥组合桥台,台背填土等
	上部构造预制和安装(1~3跨)③	钢筋加工及安装,预应力筋加工和张拉,预应力管道压浆,预制安装梁、板,悬臂施工梁,顶推施工梁,转体施工梁,拱圈节段预制,拱的安装,转体施工拱,中下承式拱吊杆和柔性系杆,刚性系杆,钢梁制作,钢梁安装,钢梁防护等
	上部构造现场浇筑(1~3跨)③	钢筋加工及安装,预应力筋加工和张拉,预应力管道压浆,就地浇筑梁、板,悬臂施工梁,就地浇筑拱圈,劲性骨架混凝土拱,钢管混凝土拱,中下承式拱吊杆和柔性系杆,刚性系杆等

续表

单位工程	分部工程	分项工程
桥梁工程[②]（每座或每合同段）	桥面系,附属工程及桥梁总体	钢筋加工及安装,混凝土桥面板桥面防水层,钢桥面板上防水黏结层,混凝土桥面板桥面铺装,钢桥面板上沥青混凝土铺装,支座安装,伸缩装置安装,人行道铺设,栏杆安装,混凝土护栏,钢桥上钢护栏安装,桥头搭板,混凝土小型构件预制,砌体坡面护坡,混凝土构件表面防护,桥梁总体等
	防护工程	砌体坡面护坡,护岸[④],导流工程等
	引道工程	见路基工程、路面工程的分项工程

注：① 按路段长度划分的分部工程,高速公路、一级公路宜取低值,二级及二级以下公路可取高值。
② 分幅桥梁按照单幅划分,特大斜拉桥和悬索桥按照"特大斜拉桥、特大悬索桥工程划分"办法进行划分。其他斜拉桥和悬索桥可作为一个单位工程参照"特大斜拉桥、特大悬索桥工程划分"办法进行划分。
③ 按单孔跨径确定的特大桥取1,其余根据规模取2或3。
④ 护岸可参照挡土墙进行划分。

1.4.2 工程质量检验

分项工程应该按基本要求、实测项目、外观质量和质量保证资料等检验项目分别检查。

分项工程所使用的原材料半成品、成品及施工控制要点等符合基本要求的规定,无外观质量限制、缺陷且质量保证资料真实齐全时,方可进行检验评定。

(1) 基本要求检查应符合下列规定。

① 分项工程应按所列的基本要求进行逐项检查,经检查不符合规定时,不得进行工程质量的检验评定。

② 分项工程所用的各种原材料的品种、规格、质量及配合比和半成品、成品应符合有关技术标准规定并满足设计要求。

(2) 实测项目检验应符合下列规定。

① 对检查项目按规定的检查方法和频率进行随机抽样检验并计算合格率。

②《公路工程质量检验评定标准 第一册 土建工程》(JTG F80/1—2017)规定的检查方法为标准方法,采用其他高效检测方法应经比对确认。

③《公路工程质量检验评定标准 第一册 土建工程》(JTG F80/1—2017)中以路段长度规定的检查频率为双车道路段的最低检查频率,对多车道应按车道数与双车道之比相应增加检查数量。

④ 应按式(1-8)计算检查项目合格率。

$$\text{检查项目合格率} = \frac{\text{合格的点(组)数}}{\text{该检查项目的全部检查点(组)数}} \times 100\% \tag{1-8}$$

(3) 检查项目合格判定应符合下列规定。

① 关键项目的合格率应不低于95%,否则该检查项目为不合格。

② 一般项目的合格率应不低于80%,否则该检查项目为不合格。

③ 有规定极值的检查项目,任一单个检测值不应突破规定极值,否则该检查项目为不合格。

（4）外观质量应进行全面检查，并满足规定要求，否则该检验项目为不合格。

（5）工程应有真实、准确、齐全、完整的施工原始记录，试验检测数据、质量检验结果等质量保证资料。质量保证资料应包括下列内容。

① 所用原材料、半成品和成品质量检验结果。

② 材料配合比、拌和加工控制检验和试验数据。

③ 地基处理、隐蔽工程施工记录和桥梁、隧道施工监控资料。

④ 质量控制指标的试验记录和质量检验汇总图表。

⑤ 施工过程中遇到的非正常情况记录及其对工程质量影响分析评价资料。

⑥ 施工过程中如发生质量事故，经处理补救后达到设计要求的认可证明文件等。

⑦ 检验项目评定为不合格的，应进行整修或返工处理，直至合格。

1.4.3 工程质量评定

工程质量等级应分为合格与不合格。

分项工程、分部工程、单位工程质量评定应有符合标准规定的资料，评定表见表1-8～表1-10。

表1-8 分项工程质量检验评定表

分项工程名称： 工程部位：(桩号、墩台号、孔号) 所属建设项目(合同段)：
所属分部工程名称： 所属单位工程： 施工单位： 分项工程编号：

				实测值或实测偏差值										质量评定		
基本要求		1. 2. ……														
实测项目	项次	检查项目	规定值或允许偏差	1	2	3	4	5	6	7	8	9	10	平均值、代表值	合格率（%）	合格判定
外观质量								质量保证资料								
工程质量等级评定																

检验负责人： 检测： 记录： 复核： 年 月 日

表1-9 分部工程质量检验评定表

分部工程名称： 工程部位：(桩号、墩台号、孔号)
所属单位工程：
所属建设项目(合同段)：
施工单位： 分部工程编号：

分项工程			备注
分项工程编号	分项工程名称	质量等级	

续表

外观质量	
评定资料	
质量等级	
评定意见	

检验负责人：　　　　记录：　　　复核：　　　　　　　　　年　月　日

表1-10　单位工程质量检验评定表

单位工程名称：　　　　　　　　　　　　工程地点、桩号：
所属建设项目(合同段)：
施工单位：　　　　　　　　　　　　　　单位工程编号：

分部工程			备注
分部工程编号	分部工程名称	质量等级	
外观质量			
评定资料			
质量等级			
评定意见			

检验负责人：　　　　记录：　　　复核：　　　　　　　　　年　月　日

(1) 分项工程质量评定合格应符合下列规定。

① 检验记录应完整。

② 实测项目应合格。

③ 外观质量应满足要求。

(2) 分部工程质量评定合格应符合下列规定。

① 评定资料应完整。

② 所含分项工程及实测项目应合格。

③ 外观质量应满足要求。

(3) 单位工程质量评定合格应符合下列规定。

① 评定资料应完整。

② 所含分部工程应合格。

③ 外观质量应满足要求。

评定为不合格的分项工程、分部工程，经返工、加固、补强或调测，满足设计要求后，可重新进行检验评定。

所含单位工程合格，该合同段评定为合格；所含合同段合格，该建设项目评定为合格。

知识拓展 1　试验检测规程和机构设置

复习思考题

一、单项选择题

1. 随机抽样硬纸板一共有（　　）块。
   A. 28　　　　B. 25　　　　C. 24　　　　D. 14
2. 如果从硬纸板中摸出的硬纸板是 6，找出随机数表中 A 列中小于或等于 6 的方法是（　　）。
   A. 从上到下依序的 6 个数　　　　B. 从上到下依序小于 6 的所有数
   C. 表中所有含有 6 的数　　　　　D. 表中所有是 6 的倍数的数
3. 如果测试路段长为 1000m，选择测试断面个数为 10 个，总的断面个数为（　　）。
   A. 50　　　　B. 100　　　　C. 10　　　　D. 20
4. 将 12.1498 修约到个数位，得（　　）。
   A. 12　　　　B. 10　　　　C. 12.1　　　　D. 12.3
5. 将 1268 修约到百数位，得（　　）。
   A. 1200　　　　B. 1300　　　　C. 1270　　　　D. 1250
6. 将 11.5002 修约到个数位，得（　　）。
   A. 11　　　　B. 11.0　　　　C. 11.5　　　　D. 12
7. 将数字 60.38 修约到个数位的 0.5 单位，得（　　）。
   A. 60.5　　　　B. 60　　　　C. 60.3　　　　D. 60.0
8. 将 12.5100 修约到一位小数，得（　　）。
   A. 12.6　　　　B. 12.0　　　　C. 12.1　　　　D. 12.5
9. 公路工程质量检验评定以（　　）工程为基本单元。
   A. 单位　　　　B. 分项　　　　C. 分部　　　　D. 建设
10. 在建设项目中，根据签订的合同，具有独立施工条件和结构功能的工程为（　　）。
    A. 分项工程　　B. 分部工程　　C. 单位工程　　D. 建设工程
11. 公路工程质量评定分为（　　）。
    A. 合格与不合格　　　　　　　B. 合格、合格、优良
    C. 优良、合格和不合格　　　　D. 优、良、中、差

12. 分项工程质量检验内容中,( )施工质量具有关键作用,经检查不符合要求时不得进行工程质量的检验和评定。
　　A. 基本要求　　B. 外观检测　　C. 几何尺寸　　D. 压实度或强度
13. 涉及结构的安全和使用性能的重要实测项目为关键项目,其合格率不得( )。
　　A. 低于85%　　B. 低于90%　　C. 低于95%　　D. 低于100%
14. 某分项工程评定为不合格,应进行整修或返工处理,直到( )。
　　A. 优　　B. 合格　　C. 不合格　　D. 无法评定
15. 工程质量评定按( )顺序逐级进行。
　　A. 单位工程、分部工程、分项工程　　B. 分部工程、分项工程、单位工程
　　C. 分项工程、分部工程、单位工程、　　D. 单位工程、分项工程、分部工程

二、多项选择题
1. 现场测试选点所需仪器设备为( )。
　　A. 硬纸板　　B. 毛刷、扫帚　　C. 尺子　　D. 骰子或随机数表
2. 以下方法可以用于路基路面现场试验选点的有( )。
　　A. 均匀法　　B. 随机法　　C. 连续法　　D. 综合法
3. 在分部工程中,按( )等级划分为若干个分项工程。
　　A. 施工工序　　B. 材料　　C. 施工特点　　D. 结构部位
4. 工程质量评定主要包括( )。
　　A. 项目划分　　　　　　　　B. 质量检验
　　C. 竣工验收等级评定　　　　D. 质量评定

项目 2 几何尺寸及路面厚度检测

项目描述

为了检查道路修筑的位置、几何形状和结构尺寸,需要进行有关几何尺寸检测。《公路工程质量检验评定标准 第一册 土建工程》(JTG F80/1—2017)要求检测的路基路面几何尺寸主要包括纵断面高程、中线偏位、宽度、横坡、边坡、厚度、相邻板高差,纵、横缝顺直度等项目。纵断高程和横坡一般用水准仪检测;中线偏位用全站仪、经纬仪检测;宽度和边坡可用尺量。

路面厚度可采用挖坑法或钻芯取样法进行检测,也可采用短脉冲雷达进行无损检测。路面结构层厚度的检测一般与压实度同时进行,当用灌砂法进行压实度检测时,可通过量取试坑的深度,从而得到结构层的厚度;当用钻芯取样法检测压实度时,可直接量取芯样的高度。

教学目标

1. 知识目标

(1)掌握路基路面几何尺寸检测方法。

(2)掌握路面结构厚度检测方法。

2. 能力目标

(1)能够正确运用检测仪器对路基路面的宽度、中线偏位、横坡、纵断面高程、厚度等进行测量。

(2)能够正确处理测试数据,并填写记录表。

任务 2.1 路基路面几何尺寸检测

2.1.1 适用范围和技术要求

本方法适用于测试路基路面的宽度,纵断面高程,横坡,中线偏位,边坡坡度,水泥混凝土路面相邻板高差和纵、横缝顺直度,以评价道路线形和几何尺寸。

几种结构层的几何尺寸检验项目的要求见表2-1。其他的结构层检测项目要求参见《公路工程质量检验评定标准》(JTG F80/1—2017)。

表 2-1　路基路面几何尺寸检测要求

结构名称	检查项目		规定值或允许偏差		检查方法和频率
			高速公路、一级公路	其他公路	
土方路基	纵断面高程(mm)		+10,-15	+10,+20	水准仪:中线位置每200m测2点
	中线偏位(mm)		50	100	全站仪:每200m测2点,弯道加HY、YH两点
	宽度(mm)		满足设计要求		尺量:每200m测4点
	平整度(mm)		≤15	≤20	3m直尺:每200m测2处×5尺
	横坡(%)		±0.3	±0.5	水准仪:每200m测2个断面
	边坡		满足设计要求		尺量:每200m测4点
水泥混凝土面层	相邻板高差(mm)		≤2	≤3	尺量:胀缝每路测2点;纵、横缝每200m抽查2条、每条测2点
	纵、横缝顺直度(mm)		≤10		纵缝20m拉线尺量:每200m测4处;横缝沿板宽拉线尺量:每2200m测4条
	中线平面偏位(mm)		20		全站仪:每200m测2点
	路面宽度(mm)		±20		尺量:每200m测4点
	纵断面高程(mm)		±10	±15	水准仪:每200m测2个断面
	横坡(%)		±0.15	±0.25	水准仪:每200m测2个断面
	断板率(%)		≤0.2	≤0.4	目测:全部检查,数断板面板块数占总块数比例
沥青混凝土和沥青碎石面层	中线平面偏位(mm)		20	30	全站仪:每200m测2点
	纵断面高程(mm)		±15	±20	水准仪:每200m测2个断面
	宽度(mm)	有侧石	±20	±30	尺量:每200m测4个断面
		无侧石	不小于设计值		
	横坡(%)		±0.3	±0.5	水准仪:每200m测2个断面

2.1.2　仪具与材料

(1) 钢卷尺、钢直尺:分度值不大于1mm。

(2) 塞尺:分度值不大于0.5mm。

(3) 经纬仪、水准仪或全站仪。

- 经纬仪:精度 DJ_2。
- 水准仪:精度 DS_3。
- 全站仪:测角精度 2″,测距精度 [$2mm+2×10^{-6}s$ (s 为测距,km)]。

(4) 水平尺:金属材料制成,基准面应平直,长度不小于600mm且不大于2000mm。

(5) 坡度测量仪:分度值1°。

(6) 尼龙线:直径不大于0.5mm。

2.1.3　任务准备

(1) 在路基或路面上准确恢复桩号。

(2) 按随机选点的方法,在一个检测路段内选取测定的断面位置及里程桩号。通常将路基路面宽度、横坡、高程及中线平面偏位选取在同一断面位置,且宜在整数桩号上测定。

(3) 根据道路设计的要求,确定路基路面各部分设计宽度的边界位置;确定设计高程的纵断面位置;在与中线垂直的横断面上确定成型后路面的实际中心线位置。

(4) 根据道路设计的路拱形状,确定曲线与直线部分的交界位置及路面与路肩(或硬路肩)的交界处,作为横坡检验的基准;当有路缘石或中央分隔带时,以两侧路缘石边缘为横坡测定的基准点。

2.1.4 方法和步骤

1. 路基路面宽度测试

用钢尺沿中心线垂直方向水平量取路基路面各部分的宽度,准确至 0.001m。测量时钢尺应保持水平,不得紧贴路面量取,也不得使用皮尺。

路基宽度为行车道与路肩宽度之和,当设有中间带、变速车道、爬坡车道、紧急停车带时,尚应包括这些部分的宽度。路面宽度包括行车道、路缘带、变速车道、爬坡车道、硬路肩和紧急停车带的宽度。

各测定断面的实测宽度 B_i 与设计宽度 B_{0i} 之差 ΔB_i 为

$$\Delta B_i = B_i - B_{0i} \tag{2-1}$$

式中:B_i——各断面的实测宽度(m);

B_{0i}——各断面的设计宽度(m);

ΔB_i——各断面的实测宽度和设计宽度的差值(m)。

2. 纵断面高程测试

将精密水准仪架设在路基路面平顺处调平,将塔尺竖立在中线的测定位置上,以路线附近的水准点高程作为基准。测记测定点的高程读数,准确至 0.001m。连续测定全部测点,并与水准点闭合,闭合差应达到等水准测量要求。

计算各测点的实测高程 H_{1i} 与设计高程 H_{0i} 之差 ΔH_i 为

$$\Delta H_i = H_{1i} - H_{0i} \tag{2-2}$$

式中:H_{1i}——第 i 个断面的纵断面实测高程(m);

H_{0i}——第 i 个断面的纵断面设计高程(m);

ΔH_i——第 i 个断面的纵断面实测高程与设计高程之差(m)。

3. 中线偏位测试

1) 有中线坐标的道路

根据待测点 P 的施工桩号,在道路上标记 P 点,从设计资料中查出该点的设计坐标,用经纬仪(全站仪)对该设计坐标进行放样,并在放样点 P' 做好标记,量取 PP' 的长度,即为中线偏位 Δ_{CL},以 mm 计,准确至 1mm。

2) 无中线坐标的道路

根据待测点 P 的施工桩号,在道路上标记 P 点,由设计资料计算出该点的坐标,用经纬仪(全站仪)对该坐标进行放样,并在放样点 P' 做好标记,量取 PP' 的长度,即为中线偏位 Δ_{CL},以 mm 计,准确至 1mm。

4. 路基路面横坡测试

路基横坡为路槽中心线与路槽边缘两点高程差与水平距离的比值,以百分率表示。路面横坡,对无中央分隔带的道路是指路拱表面直线部分的坡度,对有中央分隔带的道路是指路面与中央分隔带交界处及路面边缘与路肩交界处两点的高程差与水平距离的比值,以百分率表示。

1) 水准仪测定路面横坡试验方法

公路施工质量检验评定时通常采用水准仪测定路基路面的横坡。具体操作步骤如下。

（1）将精密水准仪架设在路面平顺处调平。

（2）在设有中央分隔带的路面上将塔尺分别竖立在路面与中央分隔带分界的路缘带边缘 d_1 处及路面与路肩交界位置（或外侧路缘石边缘）d_2 处。

（3）对无中央分隔带的路面,将水准仪（全站仪）架设在路基路面平顺处调平,将水准尺分别竖立在道路中心 d_1（或路基顶面相应位置）及路面与路肩交界位置或外侧路缘石边缘（或路基顶面相应位置）d_2 处,d_1 与 d_2 两测点应在同一横断面上,测量 d_1 与 d_2 处的高程,记录高程读数,以 m 计,准确至 0.001m。

（4）用钢卷尺测量两测点的水平距离,以 m 计,准确至 0.005m。

（5）各测点断面的横坡度 i_i 按式（2-3）计算,精确至一位小数;按式（2-4）计算实测横坡 i_i 与设计横坡 i_{0i} 之差 Δi_i。

$$i_i = \frac{h_{d1} - h_{d2}}{B_i} \times 100\% \tag{2-3}$$

$$\Delta i_i = i_i - i_{0i} \tag{2-4}$$

式中：i_i——各测定断面的横坡（%）；

h_{d1}、h_{d2}——各测定断面两测点 d_1 和 d_2 的高程度数（m）；

B_i——各测定断面 d_1 和 d_2 的水平距离（m）；

i_{0i}——各测定断面的设计横坡（%）；

Δi_i——各测定断面的横坡与设计横坡之间的差值（%）。

2) 几何数据测试系统测定路面横坡试验方法

几何数据测试系统由承载车、数据采集处理系统和距离测量系统等组成,可在正常行车条件下连续采集路面的横坡数据,适用于新建、改建路面工程质量验收和无严重坑槽、车辙等病害的通车运行路面的横坡评价。

测试过程中路面应整洁,宜选择风力较小时测试。正式测试之前,应检查承载车的轮胎气压,进行距离标定,预热、确认测试系统处于正常工作状态。测试车速宜为 30~80km/h,测试过程中承载车应沿车道线匀速行驶,不能超车、变线。测试人员在测试过程中必须及时准确地将测试路段的起、终点和其他需要特殊标记的点的位置输入测试数据记录中。

5. 路基边坡坡度测试

路基边坡坡度的测量可以采用全站仪法和坡度测量仪法。

1) 全站仪法

将全站仪架设在路基路面平顺处调平,在同一横断面上选择坡顶 a、坡脚 b 两测点,分别测量其相对高程并记录读数 H_a、H_b,同时测量并记录两点间的水平距离 L,测量结果以 m 计,准确至 0.001m。

边坡坡度通常以 $1:m$ 的形式表示。路基边坡各部分位置示意如图 2-1 所示。

$$H_i = H_{ai} - H_{bi} \tag{2-5}$$

$$m_i = L_i / H_i \tag{2-6}$$

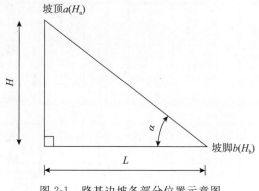

图 2-1 路基边坡各部分位置示意图

式中：H_i——第 i 个断面坡顶、坡脚测点的高差，即垂直距离(m)；

H_{ai}、H_{bi}——第 i 个断面坡顶、坡脚测点的相对高程读数(m)；

m_i——第 i 个断面的坡度值，路面坡度以 $1:m_i$ 表示；

L_i——第 i 个断面坡顶、坡脚测点的水平距离(m)。

2) 坡度测量仪

将坡度测量仪的测试面垂直于路中线放在待测边坡上，旋转刻度盘，将水平气泡调到水平位置，读取并记录刻度盘上的刻度值即为路基边坡坡度，保留两位小数。

6. 相邻板高差测试

将水平尺垂直跨越接缝并水平放置于高出的一侧，用塞尺量测接缝处水平尺下基准面与位置较低板块的高差，以高差最大值为该接缝处的相邻板高差 H，以 mm 计，准确至 0.5mm。

7. 纵、横缝顺直度测试

在待测试路段的直线段上，用尼龙线对齐 20m 长的纵缝两端并拉直；然后用钢直尺量测纵缝与尼龙线的最大间距，以 mm 计，准确至 1mm，即为该处的纵缝顺直度。

将尼龙线沿板宽对齐面板横缝两端并拉直，用钢直尺量测横缝与尼龙线的最大间距，以 mm 计，准确至 1mm，即为该板的横缝顺直度。

2.1.5　检测报告要求

本检测应报告以下技术内容：

（1）测试位置信息（测试断面桩号、坐标等）；

（2）实测宽度、设计宽度、宽度偏差；

（3）实测纵断面高程、设计纵断面高程、高程偏差；

（4）实测横坡、设计横坡、横坡偏差；

（5）实测边坡坡度；

（6）中线偏位、相邻板高差以及纵、横缝顺直度。

本试验检测记录表可参考表 2-2。

表 2-2 路基路面几何尺寸检测记录表

工程名称													结构名称				
实验者						记录者				公路桩号		校核者			检测日期		
序号	测点桩号	纵断面高程 (m)			横坡 (%)			宽度 (m)			中线偏位 (mm)	边坡坡度 (%)		相邻板板高差 (mm)		横缝顺直度 (mm)		纵缝顺直度 (mm)	
		实测值 h_i	设计值 h_{0i}	差值 Δh_i	实测值 i_i	设计值 i_{0i}	差值 Δi_i	实测值 B_i	设计值 B_{0i}	差值 ΔB_i	实测值	实测值 i_i	设计值 i_{0i}	实测高差 h_i	允许偏差 h_{0i}	实测值	允许偏差	实测值	允许偏差

注：不符合规范的测点应作标记。

任务 2.2 挖坑及钻芯法测定路面厚度

2.2.1 适用范围和技术要求

本方法适用于测试路面结构层厚度。挖坑法适用于基层或砂石路面的厚度测试,钻芯法适用于沥青面层、水泥混凝土路面板和能够取出完整芯样的基层的厚度测试。

路面各层施工过程中的厚度检验及工程交工验收检查通常采用挖验或钻取芯样方法量测,尽管这种方法会给路面造成一定的损伤,但由于测试数据比较直观准确,《公路工程质量检验评定标准 第一册 土建工程》(JTG F80/1—2017)仍将其规定为路面结构层厚度检测的标准试验方法。常见的路面结构层厚度的代表值与极值的允许偏差见表 2-3。

表 2-3 几种常见的路面结构层厚度的代表值与极值的允许偏差

路面类型与层位	检查项目		规定值或允许偏差		检查方法和频率
			高速公路、一级公路	其他公路	
水泥混凝土面层	板厚度(mm)	代表值	−5		每200m测2点
		合格值	−10		
		极值	−15		
沥青混凝土和沥青碎石面层	厚度(mm)	代表值	总厚度:−5%H[①] 上面层:−10%h[②]	−8%H	每200m测1点
		合格值	总厚度:−10%H 上面层:−20%h	−15%H	
沥青贯入式面层	厚度(mm)	代表值	代表值	−8%H 或−5	每200m测2点
		合格值	合格值	−15%H 或−10	
稳定土基层和底基层	厚度(mm)	基层	代表值	—	−10	每200m测2点
			合格值	—	−20	
		底基层	代表值	−10	−12	
			合格值	−25	−30	
稳定粒料基层和底基层	厚度(mm)	基层	代表值	−8	−10	每200m测2点
			合格值	−10	−20	
		底基层	代表值	−10	−12	
			合格值	−25	−30	

注:① H 为沥青层总厚度。
　　② h 为沥青上面层厚度。

基层或砂石路面的厚度可用挖坑法测定,沥青面层及水泥混凝土路面板的厚度应用钻芯法测定。

在沥青路面施工过程中,当沥青混合料尚未冷却时,可根据需要随机选择测点,用大螺丝刀插入沥青层底面深度后用尺读数,量取沥青层的厚度。

2.2.2 仪具与材料

(1) 挖坑用的工具有镐、铲、凿子、锤子、小铲、毛刷。

(2) 路面取芯机:手推式或车载式,配有淋水冷却装置。钻头的标准直径为 $\phi 100$mm,如芯样仅供测量厚度,不做其他试验时,对沥青面层与水泥混凝土板也可用直径 $\phi 50$mm 的钻头,对基层材料有可能损坏试件时,也可用直径 $\phi 150$mm 的钻头,但钻孔深度均须达到层厚。图 2-2 为手推式路面取芯机。

(3) 量尺:钢直尺、游标卡尺,分度值不大于 1mm。

(4) 其他:直尺、搪瓷盘、棉纱等。

图 2-2 手推式路面取芯机

视频二维码:
挖坑及钻芯法测定路面厚度

2.2.3 挖坑法厚度测试步骤

(1) 按随机选点方法,选定挖坑检查的位置,如为既有道路,该测点有坑洞等显著缺陷或接缝时,可在其旁边检测。

(2) 在选择试验地点时,选一块约 400mm×400mm 的平坦表面,用毛刷将其清扫干净。

(3) 根据材料坚硬程度,选择镐、铲、凿子等合适的工具开挖这一层材料,直至层位底面。在便于开挖的前提下,开挖面积应尽量缩小,挖的坑洞大体呈圆形,边开挖边将材料铲出,放置在搪瓷盘中。

(4) 用毛刷清扫坑底,确认已挖至下一层的顶面。

(5) 将钢板尺平放并横跨于坑的两边,然后在坑的中部位置用另一把钢直尺或卡尺等量具垂直伸至坑底,测量坑底至钢板尺的距离,即为检查层的厚度,以 mm 计,准确至 1mm。

2.2.4 钻孔取芯样法厚度测试步骤

(1) 按随机选点方法,选定钻孔检查的位置,如为既有道路,该测点有坑洞等显著缺陷或接缝时,可在其旁边检测。

(2) 用路面取芯钻机钻孔,钻头的标准直径为 $\phi 100$mm,如芯样仅供测量厚度,不做其他试验时,对沥青面层与水泥混凝土板可用直径为 $\phi 50$mm 的钻头;对基层材料有可能损坏试件时,也可用直径为 $\phi 150$mm 的钻头,钻孔深度必须达到层厚。

(3) 仔细取出芯样,清除底面灰土,找出与下层的分界面。

(4) 用钢板尺或卡尺沿圆周对称的十字方向(4 处)量取表面至上下层界面的高度,取其平均值,即为该层的厚度,以 mm 计,准确至 1mm。

2.2.5 计算

(1) 按式(2-7)计算实测厚度 T_{1i} 与设计厚度 T_{0i} 之差。

$$\Delta T_i = T_{1i} - T_{0i} \tag{2-7}$$

式中：T_{1i}——路面第 i 层的实测厚度(mm)；

T_{0i}——路面第 i 层的设计厚度(mm)；

ΔT_i——路面第 i 层厚度的偏差(mm)。

(2) 计算测试路段厚度的平均值、标准差，并计算厚度代表值。

2.2.6 路面结构层厚度评定

对路段内路面结构层厚度按代表值的允许偏差和单个测定值的允许偏差进行评定，厚度的代表值为厚度的算术平均值的下置信界限值，即

$$T_L = \overline{T} - S \cdot \frac{t_a}{\sqrt{n}} \tag{2-8}$$

式中：T_L——厚度代表值；

$\overline{T}$——厚度平均值；

S——标准偏差；

n——检查数量；

t_a——t 分布中随测点数和保证率(置信度 α)而变的系数，查附表确定。

采用的保证率为高速公路、一级公路：基层、底基层为 99%，面层为 95%；其他公路：基层、底基层为 95%，面层为 90%。

当厚度代表值大于或等于设计厚度减去代表值允许偏差时，则按单个检查值的偏差不超过单点合格值来计算合格率；当厚度代表值小于设计厚度减去代表值允许偏差时，相应分项工程被评为不合格。

沥青面层一般按沥青铺筑层总厚度进行评定，但高速公路和一级公路分 2~3 层铺筑时，还应进行上面层厚度检查和评定。

【例 2-1】 某高速公路的某一路段水泥混凝土路面板厚度检测数据见表 2-4。保证率为 95%，设计厚度 $T=25$cm，代表值允许偏差 $\Delta T=5$mm，试对该路段的板厚进行评价。

表 2-4 水泥混凝土路面板厚度检测结果　　　　　　　　　　　　单位：cm

序号	1	2	3	4	5	6	7	8	9	10	11	12	13	14	15
厚度 T_i	25.1	24.8	25.1	24.6	24.7	25.4	25.2	25.3	24.7	24.9	24.9	24.8	25.3	25.3	25.2
序号	16	17	18	19	20	21	22	23	24	25	26	27	28	29	30
厚度 T_i	25.0	25.1	24.8	25.0	25.1	24.7	24.9	25.0	25.4	25.2	25.1	25.0	25.0	25.5	25.4

解:经计算得 $\overline{T}=25.05\mathrm{cm}, S=0.24\mathrm{cm}$。

根据 $n=30, \alpha=95\%$,查附表得

$$\frac{t_a}{\sqrt{n}}=0.310$$

厚度代表值为算术平均值的下置信界限值,即

$$T_L = \overline{T} - S \cdot \frac{t_a}{\sqrt{n}}$$

$$= 25.05 - 0.310 \times 0.24 = 24.98(\mathrm{cm})$$

已知 $T=25\mathrm{cm}, \Delta T=5\mathrm{mm}$。

因为 $T_L > T - \Delta T \geqslant 25 - 0.5 = 24.5(\mathrm{cm})$,所以该路段的板厚满足要求。查表2-4得

$$\Delta T_{合格} = -10\mathrm{mm}$$

$$T_i > T - \Delta T_{合格} = 25 - 1.0 = 24(\mathrm{cm})$$

且

$$T_{i\max} = 25.5\mathrm{cm} > 24\mathrm{cm}$$

$$T_{i\min} = 24.6\mathrm{cm} > T - \Delta T_{合格} = 24\mathrm{cm}$$

又因合格数 $m=30$,检测点数 $n=30$,则合格率

$$P = \frac{m}{n} \times 100\% = \frac{30}{30} \times 100\% = 100\%$$

所以该路段板厚合格率为100%。

2.2.7 试验报告与评价

本检测应报告以下技术内容:
(1) 现场测试位置信息(桩号、路面结构层类型等);
(2) 各测试位置的路面厚度实测值和设计值、路面厚度偏差;
(3) 测试路段厚度的平均值、标准差、代表值。

本试验检测记录表可参考表2-5。

表2-5 路基路面厚度试验检测记录表(挖坑及钻芯法)

委托/施工单位		委托单编号	
工程名称		试验依据	
工程部位/用途		样品编号	
样品描述		试验日期	
试验条件			
主要仪器设备及编号			
结构层次		保证率(%)	

续表

桩号	位置	实测厚度（mm）	平均值（mm）	与设计厚度之差(mm)	备注

备注：

试验：　　　　复核：　　　　　　　　　　　　　日期：　年　月　日

知识拓展 2　短脉冲雷达测定路面厚度

复习思考题

一、单项选择题

1. 二级公路路面宽度测量的数据准确至（　　）m。
   A. 0.001　　　B. 0.005　　　C. 0.01　　　D. 0.05
2. 路基路面中线偏位检测中，中线偏位 Δc 的测量结果应准确至（　　）mm。
   A. 1　　　　B. 5　　　　C. 10　　　　D. 50
3. 沥青面层及水泥混凝土路面板的厚度应用（　　）测定。
   A. 挖坑法　　B. 钻孔法　　C. 短脉冲雷达法　　D. 环刀法
4. 脉冲雷达测定路面厚度必须进行芯样标定，目的是获得路面材料的（　　）。
   A. 密度　　　B. 压实度　　C. 空隙率　　　D. 介电常数
5. 现场钻取路面结构的代表性试样时，芯样的直径不宜小于集料最大粒径的（　　）倍。
   A. 2　　　　B. 3　　　　C. 4　　　　D. 5
6. 交工验收时，当高速公路沥青路面面层厚度为 17cm 时，可以用于测量路面厚度的雷达天线主频为（　　）。
   A. 100MHz　　B. 900MHz　　C. 1GHz　　　D. 1.5GHz
7. 以下关于短脉冲雷达法测量路面厚度的说法中，错误的是（　　）。
   A. 路面过度潮湿情况下不适合该方法
   B. 设备通常工作温度为 0~40℃
   C. 测量深度 8cm 时，系统的测量误差应不超过 3mm
   D. 可以采用 500MHz 地面耦合天线检测
8. 在用钻芯法取样并测压实度时，通常选择直径大于集料最大粒径（　　）倍的钻头。
   A. 1　　　　B. 2　　　　C. 3　　　　D. 4

二、多项选择题

适用于测定路面结构层厚度的方法有（　　）。
A. 断面仪法　　B. 钻芯取样法　　C. 雷达法　　D. 挖坑法

三、判断题

1. 测量高速公路路面宽度时，读数准度不低于 1mm。（　　）

2. 路面横坡测量时,横断面宽度的测量应用钢卷尺测量两测点的水平距离。( )

3. 基层或砂石路面的厚度可用挖坑法测定。( )

4. 短脉冲雷达法检测路面厚度时,芯样标定工作可以在检测完成后进行。( )

5. 采用钻机取芯法测量路面厚度时,钻头直径必须为100mm。( )

6. 钻芯取样法测定路面厚度时,用钢尺量取试坑深度,作为路面检查层的厚度。( )

7. 半刚性基层施工现场压实度的测定,应以当天通过现场取样并成型的试件测得的最大干密度为准进行评定。( )

8. 钻芯法测定路面厚度时,钻孔深度可以超过测试层的底面。( )

项目 3　路基路面压实度检测

项目描述

碾压是路基路面施工的重要环节,压实质量与路基路面的强度、刚度、稳定性和平整度密切相关,压实度是路基路面施工质量检验的关键项目。

对于路基土、粒料类基层或底基层、无机结合料稳定类基层或底基层,压实度是筑路材料压实后的干密度与标准最大干密度之比,以百分率表示。标准最大干密度需要在施工前通过室内重型击实试验或振动压实试验得到;压实后的干密度通常采用挖坑灌砂法,或环刀法,或核子密度仪法进行现场检测,其中核子密度仪法是无损检测方法。

对沥青混合料面层,压实度是指现场实际达到的密度与标准密度的比值。标准密度可采用沥青混合料的马歇尔击实法获得的试验室标准密度,也可以采用最大理论密度或试验段密度,不同的标准密度对应不同的压实度要求。现场实际达到的密度可采用在现场钻芯并测定芯样密度的方式获得,也可以通过现场无核密度仪无损、快速地测定。马歇尔击实试件和钻取芯样的密度可采用表干法、蜡封法和水中重法测定。

教学目标

1. 知识目标

(1) 掌握灌砂法、环刀法测压实度的基本原理和检测方法。
(2) 掌握钻芯法测压实度的基本原理和检测方法。

2. 能力目标

(1) 能描述路基路面压实度检测方法的原理和适用范围。
(2) 能采用灌砂法、钻芯法检测路基路面压实度。
(3) 能对压实度进行质量评价。

任务 3.1　挖坑灌砂法测定压实度

3.1.1　适用范围和技术要求

灌砂法适用于在现场测试基层(或底基层)、砂石路面及路基土的各种材料的密度和压实度,但不适用于填石路堤等有大孔洞或大孔隙材料的压实度检测。

用灌砂法测试密度和压实度时,应根据填料粒径及测试层厚度来选择不同尺寸的灌砂筒,并符合表 3-1 的规定。

表 3-1 灌砂筒类型　　　　　　　　　　　　　　单位:mm

灌砂筒类型	填料最大粒径	适宜的测试层厚度
$\phi 100$	<13.2	≤150
$\phi 150$	<31.5	≤200
$\phi 200$	<63	≤300
$\phi 250$ 及以上	≤100	≤400

注:路基填料最大粒径超过 100mm 的,应采用其他方法测试压实度;当挖坑过程中存在超过规范规定粒径 10% 的填料时,应另在附近选点重做。试验过程中若发现储砂筒内砂不足以填满试坑时,说明灌砂筒尺寸过小,应选择较大尺寸的灌砂筒重新试验,而不应在试验过程中添加量砂。

土方路基压实度检测标准如表 3-2 所示。

表 3-2　土方路基压实度检测标准

填筑部位(路面底面以下深度)(m)			压实度(%)			检查方法和频率
			高速公路、一级公路	其他公路		
				二级公路	三、四级公路	
上路床		0~0.3	≥96	≥95	≥94	密度法:每 200m 每压实层测 2 处
下路床	轻、中及重交通荷载等级	0.3~0.8	≥96	≥95	≥94	
	特重、极重交通荷载等级	0.3~1.2	≥96	≥95	—	
上路堤	轻、中及重交通荷载等级	0.8~1.5	≥94	≥94	≥93	
	特重、极重交通荷载等级	1.2~1.9	≥94	≥94	—	
下路堤	轻、中及重交通荷载等级	1.5	≥93	≥92	≥90	
	特重、极重交通荷载等级	>1.9				

3.1.2　仪具与材料

(1) 灌砂设备:灌砂设备包括灌砂筒、标定罐和基板。

① 灌砂筒:金属材质,形式和主要尺寸如图 3-1 所示,型号符合表 3-1 的规定。灌砂筒上部为储砂筒,下部为圆锥体漏斗,筒底与漏斗顶端铁板之间设有开关。

② 标定罐:金属材质,上端有罐缘,形式和主要尺寸如图 3-1 所示,型号符合表 3-1 的规定。

③ 基板:金属材质的方盘,盘中心有一圆孔。

(2) 玻璃板:边长 500~600mm 的方形板。

(3) 试样盘和铝盒:小筒挖出的试样可用铝盒存放,大筒挖出的试样可用 300mm×500mm×40mm 的搪瓷试样盘存放。

(4) 电子秤:分度值不大于 1g。

(5) 电子天平:用于含水率测试时,对细粒土、中粒土、粗粒土的分度值宜分别为 0.01g、0.1g、1.0g。

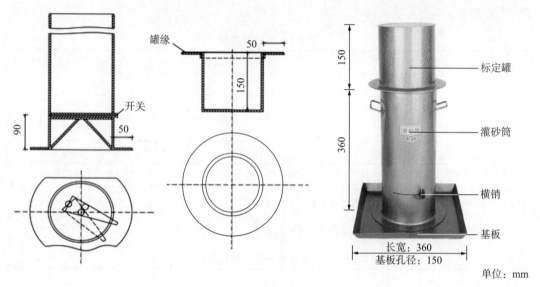

图 3-1 灌砂筒和标定罐

(6) 含水率测试设备:如铝盒、烘箱、微波炉等。

(7) 量砂:粒径 0.3~0.6mm 清洁干燥的砂,20~40kg。使用前须洗净、烘干,筛分至符合要求并放置 24h 以上,使其与空气的湿度达到平衡。

(8) 盛砂的容器:塑料桶等。

(9) 温度计:分度值不大于 1℃。

(10) 其他工具:凿子、改锥、铁锤、长把勺、长把小簸箕、毛刷等。

3.1.3 方法和步骤

(1) 按照有关标准和规程对结构层填料进行击实试验,得到最大干密度(ρ_c)。

(2) 按表 3-1 规定选用灌砂设备。

(3) 标定灌砂设备下部圆锥体内砂的质量。

① 在储砂筒筒口高度上,向储砂筒内装砂至距筒顶 15mm±5mm 处。称量装入筒内砂的质量(m_1),准确至 1g。以后每次标定及试验都应该维持装砂高度与质量不变。

② 将开关打开,让砂自由流出,并使流出的砂的体积与标定罐的容积相当(或等于工地所挖试坑的体积),然后关上开关。

③ 不晃动储砂筒,轻轻地将罐砂筒移至玻璃板上,将开关打开,让砂流出,直到筒内砂不再流出时,将开关关上,取走灌砂筒。

④ 称量留在玻璃板上的砂或储砂筒内砂的质量,准确至 1g。玻璃板上的砂的质量就是圆锥体内砂的质量(m_2)。

⑤ 重复上述测量 3 次,取其平均值。

(4) 标定量砂的松方密度 ρ_s(g/cm³)。

① 用 15~25℃水确定标定罐的容积 V,准确至 1mL。

② 在储砂筒中装入质量为 m_1 的砂,并将灌砂筒放在标定罐上,将开关打开,让砂流出。在整个流沙过程中,不要碰灌砂筒,直到储砂筒内的砂不再流出时,将开关关闭。取下灌砂筒,称取筒内剩余砂的质量(m_3),准确至1g。

③ 按式(3-1)计算填满标定罐所需砂的质量。

$$m_a = m_1 - m_2 - m_3 \tag{3-1}$$

式中:m_a——标定罐中砂的质量(g);

m_1——装入储砂筒内砂的质量(g);

m_2——灌砂筒下部圆锥体内砂的质量(g);

m_3——灌砂入标定罐后,筒内剩余砂的质量(g)。

④ 重复上述测量3次,取其平均值。

⑤ 按式(3-2)计算量砂的松方密度。

$$\rho_s = \frac{m_a}{V} \tag{3-2}$$

式中:ρ_s——量砂的松方密度(g/cm³);

V——标定罐的体积(cm³)。

(5)具体测试步骤如下。

① 在试验地点,选一块平坦表面,将其清扫干净,面积不得小于基板面积。

② 将基板放在平坦表面上。当表面的粗糙度较大时,将盛有量砂(m_1)的灌砂筒放在基板中孔上,做好基板位置标识。将灌砂筒的开关打开,让砂流入基板中孔内,直到储砂筒内的砂不再下流时关闭开关。取下灌砂筒,并称量储砂筒内砂的质量(m_5),准确至1g。

③ 取走基板,收回留在试验地点未混入杂质的量砂,重新将表面清扫干净。

④ 将基板放回原处并固定,沿基板中孔凿洞(洞的直径与灌砂筒直径一致)。在凿洞过程中,不应使凿出的材料丢失,而应随时将凿松的材料取出装入塑料袋中或大铝盒内密封,以防止水分蒸发。试洞的深度应等于测试层厚度,但不得有下层材料混入。称量洞内材料质量(m_w),准确至1g。当需要测试厚度时,应先测量厚度再称量材料总质量。

⑤ 从挖出的全部材料中取有代表性的试样,放在铝盒或洁净的搪瓷盘中,按照《公路土工试验规程》(JTG 3430—2020)的有关规定测试其含水率(ω)。单组取样数量如下:用小灌砂筒测试时,对于细粒土,不少于100g;对于各种中粒土,不少于500g。用中灌砂筒测试时,对于细粒土,不少于200g;对于各种中粒土,不少于1000g;对于粗粒土或水泥、石灰、粉煤灰等无机结合料稳定材料,宜将取出的材料全部烘干,且不少于2000g,称其质量(m_d)。用大型灌砂筒测试时,宜将取出的材料全部烘干,称其质量(m_d)。

⑥ 储砂筒内放满砂到要求质量(m_1),将基板安放在试坑原位上。灌砂筒安放在基板中间,下口对准基板中孔,打开灌砂筒开关,让砂流入试坑内。在此期间,不应碰灌砂筒,直到储砂筒内的砂不再下流时,关闭开关。取走灌砂筒,并称量筒内剩余砂的质量(m_4),准确至1g。

⑦ 如清扫干净的平坦表面粗糙度不大,也可省去②和③的操作。在试洞挖好后,将灌砂筒直接对准试坑,中间不需要放基板。打开灌砂筒开关,让砂流入试坑内。在此期间,不应碰灌砂筒,直到储砂筒内的砂不再下流时,关闭开关。取走灌砂筒,并称量剩余砂的质量(m_4'),准确至1g。

⑧ 取出储砂筒内的量砂,以备下次试验时再用。

⑨ 取走基板,将留在试坑内未混入杂质的量砂收回;将坑内剩余量砂清理干净后,回填与被测结构同材质的填料,并用铁锤分 3~4 层夯实。

⑩ 回收的量砂烘干、过筛,并放置 24h 以上,使其与空气的湿度达到平衡后可以继续使用。若量砂中混有杂质,则应废弃。

(6) 试验数据处理方法如下。

① 按式(3-3)或式(3-4)计算填满试坑所用砂的质量。

灌砂时,试坑上放有基板时:

$$m_b = m_1 - m_4 - (m_1 - m_5) \tag{3-3}$$

灌砂时,试坑上不放基板时:

$$m_b = m_1 - m_4' - m_2 \tag{3-4}$$

式中:m_b——填满试坑砂的质量(g);

m_1——灌砂前灌砂筒内砂的质量(g);

m_2——灌砂筒下部圆锥体内砂的质量(g);

m_4、m_4'——灌砂后,储砂筒内剩余砂的质量(g);

$m_1 - m_5$——灌砂筒下部圆锥体内及基板和粗糙表面间砂的合计质量(g)。

② 按式(3-5)计算试坑材料的湿密度。

$$\rho_w = \frac{m_w}{m_b} \times \rho_s \tag{3-5}$$

式中:ρ_w——试坑材料的湿密度(g/cm³);

m_w——试坑中取出的全部材料的质量(g);

ρ_s——量砂的松方密度(g/cm³)。

③ 按式(3-6)计算试坑材料的干密度。

$$\rho_d = \frac{\rho_w}{1 + 0.01w} \tag{3-6}$$

式中:ρ_d——试坑材料的干密度(g/cm³);

w——试坑材料的含水率(%)。

④ 当为水泥、石灰、粉煤灰等无机结合料稳定土时,可按式(3-7)计算密度。

$$\rho_d = \frac{m_d}{m_b} \times \rho_s \tag{3-7}$$

式中:ρ_d——水泥、石灰、粉煤灰等无机结合料稳定土时的密度(g/cm³)。

m_d——试坑中取出的稳定土的烘干质量(g)。

⑤ 按式(3-8)计算施工压实度。

$$K = \frac{\rho_d}{\rho_c} \times 100\% \tag{3-8}$$

式中:ρ_d——试样的干密度(g/cm³);

ρ_c——由击实试验等得到的最大干密度(g/cm³)。

3.1.4 检测报告要求

本检测应报告以下技术内容:

(1) 测试位置信息(桩号、层位等);
(2) 干密度、最大干密度;
(3) 压实度。

本试验检测记录表可参考表 3-3。

表 3-3 压实度试验记录表(灌砂法)

试验单位				试验日期			
起止桩号				击实编号			
填土层次				总层次			
测点桩号							
测点距中桩距离左(+)、右(-)(m)							
灌砂筒质量+砂质量(g)							
灌砂筒质量+剩余砂质量(g)							
基板与灌砂筒三角锥砂的质量(g)							
试坑耗砂量(g)							
量砂密度(g/cm³)							
试坑体积(cm³)							
试坑内湿土质量(g)							
湿密度(g/cm³)							
含水量	盒号						
	盒质量+湿土质量(g)						
	盒质量+干土质量(g)						
	盒质量(g)						
	水分质量(g)						
	干土质量(g)						
	含水率(%)						
	平均含水率(%)						
压实度	干密度(g/cm³)						
	最大干密度(g/cm³)						
	压实度(%)						
	压实度标准(%)						
结论							

试验者:　　　　　　　计算者:　　　　　　　校核者:

任务 3.2　环刀法测定压实度

3.2.1　适用范围

环刀法适用于公路工程现场测试细粒土及无机结合料稳定细粒土的密度测试。但对无机结合料稳定细粒土,龄期不宜超过 2d,环刀法适用于其施工过程中的压实度检验。

3.2.2　仪具与材料

视频二维码：
环刀法测定
压实度

(1) 人工取土器:如图 3-2 所示,包括环刀、环盖、定向筒和击实锤系统(导杆、落锤、手柄)。环刀内径为 6~8cm,高为 2~5.4cm,壁厚为 1.5~2mm。

(2) 电动取土器:如图 3-3 所示,由底座、立柱、升降机构、取芯机构、动力机构和传动机构组成。

① 底座:由底座平台、定位销、行走轮组成。平台是整个仪器的支撑基础;定位销用于操作时定位;行走轮用于换点时仪器近距离移动,当定位时 4 只轮子可扳起。

② 立柱:由柱杆与立柱套组成,装在底座平台上,作为升降机构、取芯机构、动力机构和传动机构的支架。

③ 升降机构:由升降手轮、锁紧手柄组成,用于调整取芯机构高度。松开锁紧手柄,转动升降手轮,取芯机构即可升降到所需位置,然后拧紧手柄定位。

④ 取芯机构:由取芯头、升降轴组成。取芯头为金属圆筒,下口对称焊接两个合金钢切削刀头,上口端面焊有平盖,其上焊螺母,靠螺旋接于升降轴上。取芯头有 3 种规格,即

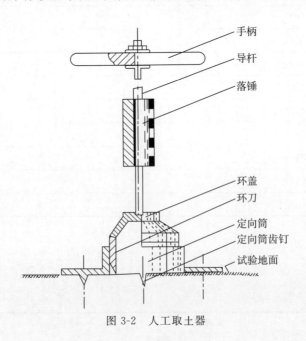

图 3-2　人工取土器

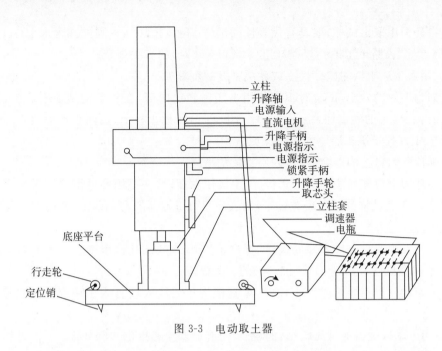

图 3-3 电动取土器

50mm×50mm、70mm×70mm、100mm×100mm，取芯头可更换。配件应包括取芯套筒、扳手、铝盒等。

⑤ 动力机构和传动机构：主要由直流电机、调速器、齿轮箱组成。配件应包括电瓶和充电器。

(3) 天平：分度值不大于 0.01g。

(4) 其他：镐、小铁锹、修土刀、毛刷、直尺、钢丝锯、凡士林、木板及测试含水率设备等。

3.2.3 方法和步骤

(1) 对结构层填料进行击实试验，得到最大干密度及最佳含水率。

(2) 在现场选取位置相邻的两处作为平行试验的测点。

(3) 用人工取土器测试黏性土及无机结合料稳定细粒土密度的步骤如下。

① 擦净环刀，称取环刀质量 m_2，准确至 0.1g。

② 在试验地点将面积约 30cm×30cm 的地面清扫干净，并铲去压实层表面浮动及不平整的部分。

③ 将定向筒齿钉固定于铲平的地面上。顺次将环刀、环盖放入定向筒内并与地面垂直。

④ 将导杆保持垂直状态，用取土器落锤将环刀打入压实层中。在施工过程控制或质量评定时，环刀中部处于压实层厚的 1/2 深度；用于其他需要的测试时，可按其要求进行深度取样。

⑤ 去掉击实锤和定向筒，用镐将环刀及试样挖出。

⑥ 轻轻取下环盖，用修土刀自边至中削去环刀两端余土，用直尺测试，直至修平为止。

⑦ 擦净环刀外壁，用天平称取出环刀及试样合计质量 m_1，准确至 0.01g。

⑧ 自环刀中取出试样,取具有代表性的试样(不少于100g),测试其含水率(ω)。含水率测试应参照《公路土工试验规程》(JTG 3430—2020)的有关规定。

(4) 用人工取土器测试砂性土或砂层密度的步骤如下。

① 如为湿润的砂土,试验时不宜使用击实锤和定向筒,在铲平的地面上,挖出一个直径较环刀外径略大的砂土柱,将环刀刃口向下,平置于砂土柱上,用两手平稳地将环刀垂直压下,环刀中部处于压实层厚的1/2深度。

② 削掉环刀口上的多余砂土,并用直尺刮平。

③ 在环刀上口盖一块平滑的木板,一手按住木板,另一手用小铁锹将试样从环刀底部切断,然后将装满试样的环刀反转过来,削去环刀刃口上部的多余砂土,并用直尺刮平。

④ 擦净环刀外壁,称取环刀与试样合计质量(m_1),准确至0.01g。

⑤ 自环刀中取具有代表性的试样(不少于100g),测试其含水率。含水率测试应参照《公路土工试验规程》(JTG 3430—2020)的有关规定。

⑥ 干燥的砂土不能挖成砂土柱时,可直接将环刀压入或打入土中至压实层厚的1/2深度。

(5) 用电动取土器测试无机结合料细粒土和硬塑土密度的步骤如下。

① 装上所需规格的取芯头。在施工现场取芯前,选择一块平整的路段,将4只行走轮扳起,4根定位销钉采用人工加压的方法,压入路基土层中。松开锁紧手柄,旋动升降手轮,使取芯头刚好与土层接触,锁紧手柄。

② 将电瓶与调速器接通,调速器的输出端接入取芯机电源插口。指示灯亮,显示电路已通;启动开关,电机带动取芯机构转动。根据土层含水率调节转速,操作升降手柄至第(3)条规定的深度,上提取芯机构,停机,移开电动取土器。将取芯套筒套在切削好的土芯立柱上,摇动即可取出样品。

③ 取出样品,立即按取芯套筒长度用修土刀或钢丝锯修平两端,制成所需规格的土芯,如拟进行其他试验项目,装入密封盒中,送试验室备用。

④ 称量土芯带套筒质量m_1,从土芯中心部分取试样测试含水率。

(6) 数据处理方法如下。

① 按式(3-9)和式(3-10)计算试样的湿密度及干密度。

$$\rho = \frac{4 \times (m_1 - m_2)}{\pi \cdot d^2 \cdot h} \tag{3-9}$$

$$\rho_d = \frac{\rho_w}{1 + 0.01\omega} \tag{3-10}$$

式中:ρ——试样的湿密度(g/cm³);

m_1——环刀或取芯套筒与试样合计质量(g);

m_2——环刀或取芯套筒质量(g);

d——环刀或取芯套筒直径(cm);

h——环刀或取芯套筒高度(cm);

ρ_d——试样的干密度(g/cm³);

ω——试样的含水率(%)。

② 按式(3-11)计算施工压实度。

$$K=\frac{\rho_d}{\rho_c}\times100\% \tag{3-11}$$

式中：K——测试地点的施工压实度(%)；

ρ_d——试样的干密度(g/cm³)；

ρ_c——由击实试验得到材料的最大干密度(g/cm³)。

③ 计算两次平行试验结果的差值，若不大于 0.03g/cm³，取其算术平均值作为测试结果；若大于 0.03g/cm³，则重新测试。

3.2.4 检测报告要求

本检测应报告以下技术内容：
(1) 测点位置信息(桩号、层位等)；
(2) 试样干密度、最大干密度、压实度。

本试验检测记录表可参考表 3-4。

表 3-4 环刀法检测记录表

测点桩号								
环刀或取芯套筒编号								
环刀体积 V(cm³)								
环刀或取芯套筒 m_2(g)								
环刀或取芯套筒与试样合计质量 m_1(g)								
试样质量(g)								
湿密度 ρ_w(g/cm³)								
含水率 w(%)								
ρ_d(g/cm³)								
平均干密度(g/cm³)								
压实度 K(%)								

检验者：　　　　　计算者：　　　　　校核者：　　　　　检测日期：

任务 3.3 钻芯法测定沥青面层压实度

3.3.1 适用范围和技术要求

钻芯法适用于检验从压实的沥青路面上钻取的沥青混合料芯样试件的密度，以评定沥青面层的施工压实度。

沥青混凝土面层和沥青碎(砾)石面层压实度标准如表3-5所示。

表3-5 沥青混凝土面层和沥青碎(砾)石面层压实度标准

检查项目	规定值或允许偏差		频率
	高速公路、一级公路	其他公路	
压实度(%)	≥试验室标准密度的96%(SMA路面98%); ≥最大理论密度的92%(SMA路面94%); ≥试验段密度的98%(SMA路面99%)		每200m测1点。 核子(无核)密度仪每200m测1处,每处5点

3.3.2 仪具与材料

(1)路面取芯钻机。
(2)天平:分度值不大于0.1g。
(3)水槽:温度控制在±0.5℃以内。
(4)吊篮。
(5)石蜡。
(6)其他:卡尺、毛刷、取样袋(容器)、电风扇。

3.3.3 方法和步骤

1. 钻取芯样

(1)按《公路路基路面现场测试规程》(JTG 3450—2019)T 0903规定的方法钻取路面芯样,芯样直径不宜小于ϕ100mm。当一次钻孔取得的芯样包含不同层位的沥青混合料时,应根据结构组合情况,用切割机将芯样沿各层结合面锯开分层进行测试。

(2)钻孔取样应在路面完全冷却后进行,对普通沥青路面通常在第二天取样,对改性沥青及SMA路面宜在第三天以后取样。

2. 测试试件密度

(1)将钻取的试件在水中用毛刷轻轻刷净黏附的粉尘。如试件边角有浮松颗粒,应仔细清除。

(2)将试件晾干或用电风扇吹干不少于24h,直至恒重。

(3)按《公路工程沥青及沥青混合料试验规程》(JTG E20—2011)的沥青混合料试件密度试验方法测试试件密度ρ_s。通常情况下,采用表干法测试试件的毛体积相对密度;对吸水率大于2%的试件,宜采用蜡封法测试试件的毛体积相对密度;对吸水率小于0.5%特别致密的沥青混合料,在施工质量检验时,允许采用水中重法测试表观相对密度。

3. 确定标准密度

根据《公路沥青路面施工技术规范》(JTG F40—2004)的规定,确定标准密度。

4. 数据处理

(1)当计算压实度的标准密度采用试验室实测的马歇尔击实试验密度或试验路段钻孔取样密度时,沥青面层的压实度按式(3-12)计算。

$$K=\frac{\rho_s}{\rho_0}\times 100\% \tag{3-12}$$

式中:ρ_s——沥青混合料芯样试件的实测密度(g/cm³);
ρ_0——沥青混合料的标准密度(g/cm³)。

(2)计算压实度的标准密度采用最大理论密度时,沥青面层的压实度按式(3-13)计算。

$$K=\frac{\rho_s}{\rho_t}\times 100\% \tag{3-13}$$

式中:ρ_t——沥青混合料的最大理论密度(g/cm³)。

(3)按《公路路基路面现场测试规程》(JTG 3450—2019)附录 B 的方法,计算一个测试路段的压实度的平均值、标准差、变异系数,并计算压实度代表值。

3.3.4 检测报告要求

本检测应报告以下技术内容:
(1)测点位置(桩号、层位等);
(2)实测密度、标准密度(或最大理论密度)、压实度;
(3)测试路段压实度的平均值、标准差、变异系数以及代表值。
本试验检测记录表可参考表 3-6。

表 3-6 压实度检测表(钻芯法)

工程名称:　　　　水的密度:　　　　标准密度:　　　　最佳沥青含量:

取样位置	试样编号	试样质量 m_a(g)	试样水中质量 m_w(g)	试样体积 V(cm³)	毛体积密度或视密度 ρ_s(g/cm³)	压实度 K(%)

试验日期:　　　　检验者:　　　　计算者:　　　　校核者:

复习思考题

一、单项选择题

1. 环刀法中用人工取土器测试路基压实度时,应取代表性试样不少于( )g 用于测定含水率。
　　A. 50　　　　B. 100　　　　C. 150　　　　D. 200

2. 挖坑灌砂法测定路基压实度时,以下关于标定灌砂设备下面锥体内砂质量的描述不正确的是( )。
　　A. 在储砂筒筒口高度上,向储砂筒内装砂至距筒顶距离为 15mm±5mm 处,称取

装入筒内砂的质量 m,准确至 1g

B. 将开关打开,让砂自由流出,并使流出砂的体积与标定罐的容积相当。然后关上开关

C. 不晃动储砂筒,轻轻地将灌砂筒移至玻璃板上,将开关打开,让砂流出,直到筒内砂不再下流时,将开关关上,取走灌砂筒

D. 称量留在玻璃板上的砂或称量储砂筒内砂的质量,准确至 1g。玻璃板上的砂质量就是圆锥体内砂的质量平行试验 2 次,取其平均值作为最终结果

二、多项选择题

1. 挖坑灌砂法试验适用于( )的压实度检测。
   A. 基层　　　B. 沥青路面　　　C. 路基　　　D. 填石路堤

2. 路基路面压实度检测方法包括( )。
   A. 钻芯法　　B. 无核密度仪法　C. 短脉冲雷达法　D. 核子密度仪法

3. 以下属于挖坑灌砂法测试基层压实度所需要的仪具和材料有( )。
   A. 电子秤　　B. 烘箱　　　　C. 量砂　　　D. 铝盒

4. 灌砂法测定路基压实度前应先标定( )。
   A. 量砂的松方密度　　　　　　B. 灌砂筒下部圆锥体内砂的质量
   C. 灌砂筒下部圆锥体内砂的体积　D. 灌砂筒内所装砂的质量

三、判断题

1. 挖坑灌砂法不适合测定填石路堤的压实度。( )
2. 无机结合料稳定细粒土不适合用环刀法测定密度。( )
3. 当挖坑灌砂法测定压实度产生争议时,可以采用无核密度仪进行仲裁检测( )
4. 为了节约量砂,挖坑灌砂法测定路基压实度后,取出的量砂过筛后可直接用于后续压实度检测。( )

四、综合题

1. 挖坑灌砂法经常用于施工现场测定基层、砂石路面及路基土的各种材料压实层的密度和压实度。在一条二级公路路基施工现场,检测人员用该方法测定路基压实度以检验施工质量,获得的检测数据经过计算得出该试验点土的湿密度 1.95g/cm³,含水率 19.8%。已知该土最大干密度为 1.75g/cm³,请根据上述条件完成下列问题。

   (1) 挖坑灌砂法需要用到的仪具和材料包括( )。
       A. 玻璃板　　B. 台秤　　　C. 比重计　　　D. 烘箱

   (2) 以下描述属于灌砂筒下部圆锥内砂质量标定步骤的有( )。
       A. 在灌砂筒筒口高度上,向灌砂筒内装砂至距筒顶的距离 15mm 左右为止
       B. 不晃动储砂筒的砂,轻轻地将灌砂筒移至玻璃板上,将开关打开,让砂流出,直到筒内砂不再下流时,将开关关上,并细心地取走灌砂筒
       C. 收集并称量留在玻璃板上的砂或称量筒内的砂,准确至 1g
       D. 取走基板,并将留在试验地点的量砂收回,重新将表面清扫干净

   (3) 根据题目的已知条件计算得到该试验点路基压实度为( )。
       A. 89.7%　　B. 93.1%　　C. 107.4%　　D. 111.4%

(4) 灌砂法测定密度过程中,下列会影响测定结果的操作包括（　　）。
   A. 更换了测量用砂而没有再次标定砂的松方密度
   B. 开凿试坑时飞出的石子未捡回
   C. 所挖试坑的深度超过了测定层
   D. 从试坑中取出的量砂直接用于下一次试验

(5) 由于压实后的路基较硬,检测人员所挖试坑截面为上大下小,则压实度结果（　　）。
   A. 偏小　　　B. 偏大　　　C. 无影响　　　D. 无法确定

2. 高速公路路基施工完成后进行压实度检测工作,现场采用挖坑灌砂方法测定路基压实度,请结合相关标准规范对以下问题进行作答。

(1) 挖坑灌砂法试验适用于下面（　　）的压实度检测。
   A. 基层　　　B. 路基土　　　C. 填石路堤　　　D. 砂石路面

(2) 下面选项中不是标定灌砂筒下部圆锥体内砂质量的步骤的是（　　）。
   A. 按规定方法向灌砂筒内装砂并称取砂的质量,以后每次标定均维持该砂的质量
   B. 将装有一定质量砂的储砂筒放在标定灌上,打开开关让砂流出,至不再流时,关闭开关,取下灌砂筒,称取筒内剩余砂的质量
   C. 将灌砂筒轻移至玻璃板上,打开开关让砂流出,直至砂不再流出关闭开关,取走灌砂筒
   D. 收集并称量玻璃板上砂的质量

(3) 灌砂法测定过程中,下列（　　）操作会使测定结果偏小。
   A. 测定层表面不平整而操作时未先放置基板测定粗糙表面的耗砂量
   B. 标定砂锥质量时未先流出一部分与试坑体积相当的砂而直接用全部的砂来形成砂堆
   C. 开凿试坑时飞出的石子未捡回
   D. 所挖试坑的深度只达到测定层的一半

(4) 测压实度正确的试验步骤排序为（　　）。
a. 移开灌砂筒并取出试坑内的量砂以备下次再用；b. 移开灌砂筒并清理测点表面；c. 测定粗糙面上砂锥的质量；d. 将装有量砂的灌砂筒放置在基板中心；e. 放置基板使基板中心对准测点；f. 在灌砂筒内装入量砂,把灌砂筒放在基板上,使灌砂筒中心正好对准基板中心,打开灌砂筒,测定灌入试坑内砂的质量；g. 沿基板中心向下挖坑至下一结构层顶面,并尽快称量所挖出试样的质量和含水量；h. 选点并将表面清理干净。

   A. h. e. d. c. b. g. f. a.
   B. h. e. d. c. b. e. g. f. a.
   C. h. e. c. b. d. e. g. f. a.
   D. h. d. c. b. e. g. f. a.

(5) 灌砂法试验得出试坑材料湿密度为 2.30g/cm³,含水量为 5.5%,该材料室内标准击实试验最大干密度为 2.25g/cm³,则该测点压实度为（　　）。
   A. 92.40%　　　B. 96.60%　　　C. 96.90%　　　D. 102.20%

项目 4 路面平整度检测

项目描述

平整度是指道路表面相对于理想平面的竖向偏差。路表的不平整会增大行车阻力,使车辆产生附加振动,造成行车颠簸,影响行车舒适性。同时,振动作用还会对路面施加额外冲击力,从而加剧路面和汽车机件损坏及轮胎磨损,增大油耗。而且,不平整的路表会积滞雨水,不仅加速路面损坏,也给行车带来安全隐患。因此,平整度是评价路基路面施工质量和路面使用性能的重要指标。

路表的平整度与其下各结构层的平整状况有一定的联系,即各结构层的平整效果将累积反映到路表上来。为了保证路面表面的平整度,路基路面各结构层都必须达到一定的平整度要求。

常见的平整度测试设备有3m直尺、连续式平整度仪、颠簸累积仪、激光平整度仪4种,可分为断面类和反应类两大类。断面类是通过测量路表凸凹情况来反映平整度,如3m直尺、连续式平整度仪以及激光平整度仪;反应类是通过测定路面凸凹引起车辆的颠簸振动来反映平整度状况,如颠簸累积仪。

教学目标

1. 知识目标

(1)掌握3m直尺测试路基路面平整度的方法。

(2)熟悉连续式平整度仪、车载式颠簸累积仪的工作原理。

2. 能力目标

(1)能够正确使用3m直尺测试路基路面平整度。

(2)能够正确处理数据与填写检测报告。

任务4.1　3m直尺测定平整度

4.1.1　适用范围和技术要求

3m直尺测定平整度的原理:用3m直尺基准面距离路表面的最大间隙(以mm计)反映路基路面表面的凹凸情况。最大间隙值越大,说明路表面越不平整。

本方法适用于测定压实成型的路面各层表面的平整度,以评定路面的施工质量,也可用于路基表面成型后的施工平整度检测。水泥混凝土面层平整度标准见表 4-1,沥青混凝土面层平整度标准见表 4-2。

表 4-1 水泥混凝土面层平整度标准

检查项目		规定值或允许偏差		检查方法和频率
		高速公路、一级公路	其他公路	
平整度	σ(mm)	≤1.32	≤2.0	平整度仪:全线每车道连续检测,每 100m 计算 σ,IRI
	IRI(m/km)	≤2.2	≤3.3	
	最大间隙 h(mm)	3	5	3m 直尺:每半幅车道每 200m 测 2 处×5 尺

表 4-2 沥青混凝土面层平整度标准

检查项目		规定值或允许偏差		检查方法和频率
		高速公路、一级公路	其他公路	
平整度	σ(mm)	≤1.2	≤2.5	平整度仪:全线每车道连续检测,按每 100m 计算 IRI 或 σ
	IRI(m/km)	≤2.0	≤4.2	
	最大间隙 h(mm)	—	≤5	3m 直尺:每 200m 测 2 处×5 尺

4.1.2 仪具与材料

(1) 3m 直尺:测量基准面长度为 3m,基准面应平直,用硬木或铝合金钢等材料制成,如图 4-1 所示。

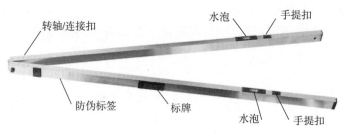

图 4-1 可折叠 3m 直尺

视频二维码:
3m 直尺测定平整度

(2) 最大间隙测量器具如下。

① 楔形塞尺:硬木或金属制的三角形塞尺,有手柄。塞尺的长度与高度之比不小于 10,宽度不大于 15mm,边部有高度标记,分度值不大于 0.5mm,如图 4-2 所示。

② 深度尺:金属制的深度测量尺,有手柄。深度尺测量杆端头直径不小于 10mm,分度值不大于 0.5mm。

③ 其他:皮尺或钢尺等。

图 4-2 楔形塞尺

4.1.3 方法和步骤

1. 准备工作

（1）确定测试方式。当测试沥青路面施工过程中的平整度时，应以单尺方式测试，且测试位置应选在接缝处；其他情况一般以连续 10 尺方式测试。

（2）选择测试位置。除特殊需要者外，应以行车道一侧车轮轮迹（距车道线 0.8～1.0m）作为连续测试的位置。对既有道路已形成车辙的路面，应取车辙中间位置为测试位置。

（3）清扫路面测试位置处的碎石、杂物等。

2. 检测步骤

（1）将 3m 直尺沿道路纵向摆在测试位置的路面上。

（2）目测 3m 直尺底面与路面之间的间隙情况，确定最大间隙的位置。

（3）将具有高度标线的塞尺塞进间隙处，测试其最大间隙的高度；或者用深度尺在最大间隙位置测试直尺上顶面距地面的深度，该深度减去尺高即为测试点的最大间隙的高度，以 mm 计，准确至 0.5mm。

3. 数据处理

单尺测试路面的平整度计算，以 3m 直尺与路面的最大间隙（δ_m）为测试结果；连续测试 10 尺时，判断每尺最大间隙（δ_m）是否合格，并计算合格率，以及 10 个最大间隙的平均值。

4.1.4 检测报告要求

本检测应报告以下技术内容。

（1）测试位置信息（桩号、测试方式等）。

（2）最大间隙（δ_m）。

（3）连续测试 10 尺时，还应报告平均值、不合格尺数及合格率。

本试验检测记录表可参考表 4-3。

表 4-3　路基路面平整度试验检测记录表（3m 直尺法）

工程名称：		结构名称：	规定值：	路段桩号：	
测定区间桩号	测尺序号或桩号	最大间隙(mm)	合格尺数	合格率(%)	平均值(mm)

检验者：　　　　　计算者：　　　　　校核者：　　　　　检验日期：

任务 4.2　连续式平整度仪测定平整度

4.2.1　适用范围

本方法适用于连续式平整度仪测试路面纵向相对高程的标准差（σ），用以表征路面的平整度，但不适用于在已有较多坑槽、破损严重的路面上测试。

4.2.2 仪具与材料

1. 连续式平整度仪

（1）整体结构：连续式平整度仪及其示意如图 4-3 和图 4-4 所示，除特殊情况外，连续式平整度仪的标准长度为 3m；中间为一个 3m 长的机架，机架可缩短或折叠，前后各 4 个行走轮，前后两组轮的轴间距离为 3m。

图 4-3 连续式平整度仪

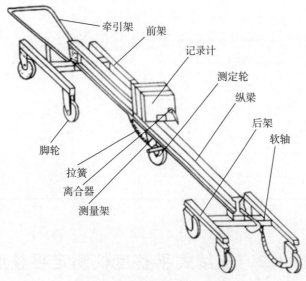

图 4-4 连续式平整度仪示意图

（2）地面高差测量传感器：安装在机架中间，可以是能起落的测定轮或激光测距仪。

（3）其他辅助机构：连续式平整度仪的辅助机构有蓄电池电源，距离传感器，与数据采集、处理、存储、输出部分配套的采集控制箱及计算机、打印机等。

测试间距为 100mm,每一计算区间的长度为 100m 并输出一次结果。可记录测试长度(m)、曲线振幅大于某一定值(如 3mm、5mm、8mm、10mm 等)的次数、曲线振幅的单向(凸起或凹下)累计值及以 3m 机架为基准的中点路面偏差曲线图,计算打印。

2. 牵引车

小面包车或其他小型牵引汽车。

4.2.3 方法和步骤

1. 准备工作

(1) 当为施工过程中质量控制需要时,测试地点根据需要决定;当进行路面工程质量检查验收或路况评定时,通常以行车道一侧车轮轮迹带作为连续测试的标准位置;对已形成车辙的路面,取一侧车辙中间位置为测点位置。

(2) 清扫路面测试位置处的碎石、杂物等。

(3) 检查仪器测试箱各部分应完好、灵敏,测定轮胎压正常,并将各连接线接妥,安装记录设备。

2. 测试步骤

(1) 将连续式平整度仪置于测试路段路面起点上,保证测定轮位置在轮迹带范围内。

(2) 在牵引汽车的后部,将连续式平整度仪与牵引汽车连接好,按照要求依次完成各项操作。

(3) 启动牵引汽车,沿道路纵向行驶,横向位置保持稳定。

(4) 确认连续式平整度仪工作正常。牵引连续式平整度仪的速度应保持匀速且沿车道方向行驶,速度宜为 5km/h,最大速度不得超过 12km/h。在测试路段较短时,也可用人力拖拉平连续式整度仪测试路面的平整度,但拖拉时应保持匀速前进。

3. 数据处理

(1) 100m 长度为一个计算区间,按式(4-1)计算该区间内采集的位移值(d_i)的标准差σ_i,即该区间的平整度,以 mm 计,保留 1 位小数。

$$\sigma_i = \sqrt{\frac{\sum d_i^2 - (\sum d_i)^2/N}{N-1}} \tag{4-1}$$

式中:σ_i——各计算区间的平整度计算值(mm);

d_i——以 100m 为一个计算区间,每隔一定距离(自动采集间距为 10cm,人工采集间距为 1.5m)采集的路面凹凸偏差位移值(mm);

N——计算区间用于计算标准差的测试数据个数。

(2) 计算一个测试路段平整度的平均值、标准差、变异系数。

4.2.4 检测报告要求

本检测应报告以下技术内容。

(1) 测试路段信息(桩号、长度等)。

(2) 计算区间长度、测试间距及平整度。
(3) 测试路段平整度的平均值、标准差及变异系数。

本试验检测记录表可参考表 4-4。

表 4-4 平整度检测记录表（连续平整度仪法）

工程名称：		结构名称：	规定值：		路段桩号：	
测定区间桩号	序号	标准差(mm)	平均值(mm)	标准差(mm)	变异系数(%)	合格区间数	合格率(%)

检验者：　　　计算者：　　　校核者：　　　检验日期：

知识拓展3　车载式激光平整度仪测定平整度

复习思考题

一、单项选择题

1. 用连续式平整度仪法测定路面平整度，以（　　）表示一个计算区间的测试结果。
   A. 最大间隙　　　　　　　　　B. 单向位移累计值
   C. 标准差　　　　　　　　　　D. 国际平整度指数

2. 平整度是表征路面行驶舒适性的重要指标。不同类型设备所采用的指标也有所不同，国际平整度指数IRI是（　　）平整度指标。
   A. 反应类　　　　　　　　　　B. 断面类
   C. 标准差类　　　　　　　　　D. 平均值类

3. 以下关于激光平整度仪测定平整度的试验步骤说法中不正确的是（　　）。
   A. 正式测试之前应让承载车以测试速度行驶5～10km
   B. 承载车停在测试点起点前50～100m处，启动平整度测试系统并按照测试路段的现场技术要求设置所需的测试状态
   C. 正常测试时，承载车的车速可以由测试人员随意选择
   D. 测试完成后，测试人员停止数据采集和记录并恢复仪器各部分至初始状态电源，关闭电源，结束测试。

4. 采用3m直尺进行路面平整度测定时，应首尾相接连续测量（　　）尺。
   A. 3　　　　B. 5　　　　C. 10　　　　D. 15

5. 车载式颠簸累计仪直接测量的是（　　）。
   A. IRI　　　B. σ　　　C. VBI　　　D. RN

6. 路面平整度自动化检测设备中车载式颠簸累积仪属于（　　）检测设备。
   A. 反应类　　B. 断面类　　C. 标准差类　　D. 平均值类

二、多项选择题

1. 反映平整度的技术指标有（　　）。
   A. 最大间隙　　　　　　　　　B. 标准差
   C. 国际平整度指数　　　　　　D. 横向力系数

2. 以下技术指标中可以反映路面平整性的有（　　）。
   A. 最大间隙　　　　　　　　　B. 标准差

C. 国际平整度指数　　　　　　D. 横向力系数

3. 关于连续式平整度仪测定路面平整度的说法中,正确的有(　　)。
   A. 连续式平整度仪的标准长度为 3.6m
   B. 测量时,速度应保持匀速
   C. 测量速度最大不应超过 15km/h
   D. 自动采集位移数据时,测定间距可以为 10cm

三、判断题

1. 平整度指标 IRI 越大,则路面平整性越好。(　　)
2. 连续式平整度仪输出的测量结果是 IRI。(　　)
3. 连续式平整度仪的工作测量速度不宜小于 12km/h。(　　)
4. 用连续式平整度仪检测有车辙路面的平整度时,应取车道中日线作为测点位置。(　　)

四、综合题

某市建设完成一条技术等级为三级的公路,路面宽度的设计值为 9.0m,沥青路面面层的设计总厚度为 10cm。检测机构受委托开展交工验收检测工作,结合工程实际完成下题。

路面平整度检测时采用了 3m 直尺法,下面描述正确的有(　　)。

A. 检测时,应清扫测试位置表面的碎石、杂物
B. 测试位置选择时,除特殊需要外,应以车道一侧车轮轮迹作为连续测试的位置
C. 测试时,应将 3m 直尺沿道路纵向摆在测试位置的路面上
D. 检测人员应将具有高度标线的塞尺塞进直尺与路面间隙处,测试最大间隙的高度

项目 5 路基路面承载能力检测

项目描述

为了检验路基路面的材料参数是否达到要求,需要现场进行强度和刚度测定。本项目内容涉及路基路面材料强度的现场测试指标有加州承载比 CBR 值、抗弯拉强度及抗压强度,刚度的现场测试指标为回弹模量。

目前,按我国有关规定,CBR 值仅作为路基填料选择、粒料类基层和底基层材料设计指标,而不作为施工质量检验指标。因此,一般情况下,没有必要进行现场测试。水泥混凝土路面的 28d 抗弯拉强度及抗压强度通常按《公路工程质量检验评定标准 第一册 土建工程》(JTG F80/1—2017)有关规定要求进行试验检测。路基路面各结构层的回弹模量是路面结构设计的重要参数,因其现场测试方法复杂,不要求直接检验,可通过现场检测弯沉的方法间接检验。

教学目标

1. 知识目标

(1)掌握 CBR 的概念和试验步骤。
(2)掌握弯沉的概念和贝克曼梁测定路基路面回弹弯沉的测试方法。
(3)掌握动力锥贯入仪的试验步骤。

2. 能力目标

(1)能进行 CBR 试验。
(2)能使用贝克曼梁测定路基路面回弹弯沉。
(3)能够进行回弹弯沉值修正和评定。
(4)能进行回弹模量检测。

任务 5.1 土基现场 CBR 值测试

土基的现场 CBR 值测试原理:在公路路基施工现场,用载重汽车作为反力架,通过千斤顶连续加载,使贯入杆匀速压入土基。为了模拟路面结构对土基的附加压力,在贯入杆位置安放荷载板。路基强度越高,贯入量达到规定值所施加的荷载越大,即 CBR 值越大。

土基的现场 CBR 值是指在公路土基现场条件下按规定方法进行贯入试验,得到荷载压强-贯入量曲线,读取规定贯入量的荷载压强与标准压强的比值,以百分数表示。

本方法适用于在现场测定各种土基材料的现场 CBR 值,同时也适合于基层、底基层砂性土、天然砂砾、级配碎石等材料 CBR 值的试验。

本试验采用的主要仪具包括荷载装置、现场测试装置、贯入杆、承载板和贯入量测定装置。荷载装置通常是装载有铁块或集料等重物的载重汽车,在汽车大梁的后轴之后设有一加劲横梁作反力架用。现场测试装置由千斤顶、测力计及球座组成。贯入量测定装置一般采用百分表。

5.1.1 适用范围

本方法适用于在现场测试各种土基材料的现场 CBR 值,也适合于基层、底基层砂性土、天然砂砾、级配碎石等材料现场 CBR 值的试验,用于评价材料的承载能力。本方法不适用于填料粒径超过 31.5mm 的土基现场 CBR 值测试。

5.1.2 仪具与材料

(1) 反力装置:载重汽车后轴重不小于 60kN,在汽车大梁的后轴之后设有一加劲横梁作反力架用。

(2) 荷载装置:由千斤顶、测力计(测力环或压力表)及球座组成,如图 5-1 和图 5-2 所示。千斤顶可使贯入杆的贯入速度调节成 1mm/min。测力计的量程不小于土基强度,测试精度不小于测力计量程的 1%。

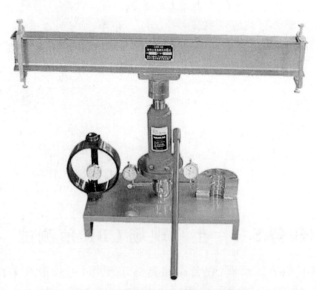

图 5-1 CBR 值土基现场检测装置

(3) 贯入杆:直径 ϕ50mm、长约 200mm 的金属圆柱体。

(4) 承载板:直径 ϕ150mm,中心孔眼直径 ϕ52mm,每块 1.25kg,共 4 块,并沿直径分

为两个半圆块。

（5）贯入量测定装置：由图 5-2 中所示的刚性平台及百分表组成，百分表量程 20mm，精度 0.01mm，数量 2 个，对称固定于贯入杆上，端部与刚性平台接触，平台跨度不小于 500mm。此设备也可用两台贝克曼梁弯沉仪代替。

（6）细砂：洁净干燥的细砂，粒径 0.3～0.6mm。

（7）其他：铁铲、盘、直尺、毛刷、天平等。

5.1.3　方法和步骤

1. 准备工作

（1）将测试地点直径约 ϕ300mm 范围的表面找平，用毛刷刷净浮土，如表面为粗粒土时，应撒布少许洁净的细砂填平，但不能覆盖全部土基表面避免形成夹层。

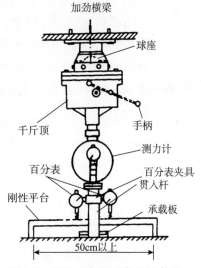

图 5-2　CBR 现场测试装置示意图

（2）按图 5-2 设置贯入杆及千斤顶，千斤顶顶在加劲横梁上且调节至高度适中。贯入杆应与土基表面紧密接触。

（3）将支架平台、百分表（或两台贝克曼梁弯沉仪）按图 5-2 安装好。

2. 测试步骤

（1）在贯入杆位置安放 4 块 1.25kg 的分开成半圆的承载板，共 5kg。

（2）试验贯入前，先在贯入杆上施加 45N 荷载后，将测力计及百分表调零，记录初始读数。

（3）用千斤顶连续加载，使贯入杆以 1mm/min 的速度压入土基，分别记录贯入量为 0.5mm、1.0mm、1.5mm、2.0mm、2.5mm、3.0mm、4.0mm、5.0mm、7.5mm、10.0mm 及 12.5mm 时的测力计和百分表读数，每级贯入量测力计和百分表的读数应保持同步。贯入量以两个百分表读数的平均值计，当两个百分表读数差值超过其平均值的 30% 时，应停止测试，并检查原因。根据情况，也可在贯入量达 7.5mm 时结束试验。

（4）卸除荷载，移去测试装置。

（5）在试验点取样，测试材料含水率。取样数量如下：

- 最大粒径不大于 4.75mm，试样数量约 120g；
- 最大粒径不大于 19.0mm，试样数量约 250g；
- 最大粒径不大于 31.5mm，试样数量约 500g。

（6）在紧靠试验点旁边的适当位置，用灌砂法（T0921）或环刀法（T0923）测试土基的密度。

3. 数据处理

（1）将贯入试验得到的等级荷重数除以贯入断面积（1963.5mm^2），得到各级压强（MPa），绘制荷载压强-贯入量曲线，如图 5-3 所示。图 5-3 上曲线 1 不需要修正，曲线 2 在起点处有明显凹凸，需要进行修正。修正时在拐点引一切线，与纵坐标交于 O' 点，O' 即为修正后的原点。

(2) 从压强-贯入量曲线上读取贯入量为 2.5mm 及 5.0mm 时的荷载压强 P_1,按式(5-1)计算现场 CBR 值。CBR 一般以贯入量 2.5mm 时的测试值为准,当贯入量为 5.0mm 时的 CBR 大于 2.5mm 时的 CBR 时,应重新试验,如重新试验仍然如此时,则以贯入量 5.0mm 时的 CBR 为准。

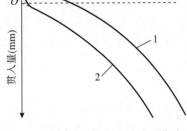

图 5-3 荷载压强-贯入量关系曲线

$$CBR_{现场}=\frac{P_1}{P_0}\times 100\% \qquad (5-1)$$

式中:$CBR_{现场}$——承载比(%),准确至 0.1%;

P_1——荷载压强(MPa);

P_0——标准压强,当贯入量为 2.5mm 时为 7MPa,当贯入量为 5.0mm 时为 10.5MPa。

5.1.4 检测报告要求

本检测应报告以下技术内容。

(1) 测试位置信息(桩号、现场材料类型、材料粒径等)。

(2) 含水率、干密度。

(3) 荷载压强、标准压强、CBR 及相应的贯入量。

本试验检测记录表可参考表 5-1。

表 5-1 土基现场 CBR 值测试记录表

项目名称			施工单位			施工日期	
合同段			监理单位				
单位工程			检验单位			检测日期	
分部工程					工程部位		
分项工程					桩号范围		
现场 CBR	贯入杆面积 A(cm²)			检测层位		承载板直径(cm)	
	相当于贯入量 2.5mm 时的荷载压强(MPa)					CBR2.5(%)	
	相当于贯入量 5.0mm 时的荷载压强(MPa)					CBR5.0(%)	
含水率计算		湿土重(g)	干土重(g)	水重(g)	含水率(%)		平均含水率(%)
	1						
	2						
密度计算		试样湿重(g)	试样干重(g)	体积(cm³)	干密度(g/cm³)		平均干密度(g/cm³)
	1						
	2						

续表

预定贯入量(mm)	贯入量百分表读数(0.01mm)			测力计读数	压强（MPa）
	1	2	平均		
0					
0.5					
1.0					
1.5					
2					
2.5					
3.0					
4.0					
5.0					
6.5					
10					
11.5					
自检意见					
监理意见					

任务5.2 动力锥贯入仪测定路基路面 CBR

动力锥贯入仪（DCP）是一种轻型轻便的地基土原位测试的触探仪。动力锥贯入仪测定路基路面 CBR 值的原理通常是：用一定质量的锤从一定高度落下，打击立在路基路面上的锥杆。测定锤击数与锥杆的贯入量；通过贯入度（即平均每次锤击的贯入量）与 CBR 值的相关关系式，推算路基路面的 CBR 值。

视频二维码：
动力锥贯入仪测定路基路面 CBR

本方法适用于动力锥贯入仪现场快速测定或评估无结合料材料路基、路面的强度。实际使用中，对细粒土的检测效果较好，对于粗粒土、土石混填、压实后的粒料基层，检测过程有一定难度。

利用动力锥贯入仪现场测得的贯入度，不仅可以推算 CBR 值，还可以通过建立不同指标的相关关系式，推算路基路面的回弹模量、压实度或无侧限抗压强度。

5.2.1 适用范围

本方法适用于动力锥贯入仪现场快速测试无结合料材料路基、路面 CBR 值，用于评估其强度。

5.2.2 仪具与材料

(1) DCP:结构与形状如图 5-4 和图 5-5 所示,包括手柄、落锤、导向杆、联轴器(锤座)、扶手、夹紧环、探杆、1m 刻度尺、锥头。

图 5-4 标准贯入仪

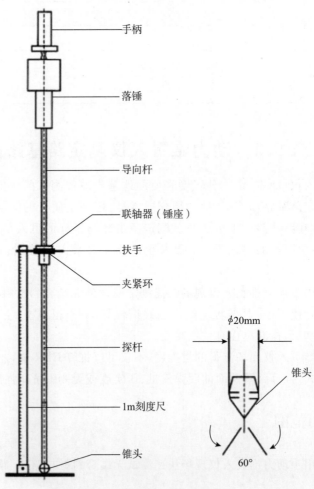

图 5-5 DCP 的结构与形状示意图

(2) 落锤:标准落锤质量为 10kg,落锤材料应采用 45 号碳素钢或优于 45 号碳素钢的钢材,表面淬火后硬度 HRC=45～50,探杆和接头材料应采用耐疲劳强度的钢材。

(3) 锥头:锥头锥尖角度为 60°,最大直径为 20mm,允许磨损尺寸为 2mm。锥头尖端最大允许磨损尺寸为 4mm,否则必须更换。

(4) 其他:扳手、铁铲等。

5.2.3 方法和步骤

1. 准备工作

(1) 放入落锤,将仪器的导向杆与探杆在联轴器处紧固连接,保证不会松动。

(2) 将 DCP 竖直立于硬地(如混凝土)上,然后记录零读数。

(3) 根据需要选择有代表性的测点,测点应位于平整的路基、路面基层、面层上。如果要探测的层位上面有难以穿透的坚硬结构层时,应钻孔或刨挖至其顶面。

2. 检测步骤

(1) 将 DCP 放至测点位置。一人手扶仪器手柄,使探杆保持竖直。一人提起落锤至导向杆顶端,然后松开,使之呈自由落体下落。如果试验中探杆稍有倾斜,不可扶正;如果倾斜较大,造成落锤不是自由落体,则该点试验应废弃。

(2) 读取贯入深度。每贯入约 10mm 读一次数,记录锤击数和贯入量(mm)。对于粒料基层,可每 5 次或 10 次锤击读数一次;对于比较软弱的结构层,可每 1～2 次锤击读数一次。

(3) 连续锤击、测量,直到需要的结构层深度。当材料层坚硬,贯入量低到连续锤击 10 次而无变化时,可以停止试验或钻孔透过后继续试验。

(4) 将落锤移走,从探坑中取出 DCP 仪器。

3. 数据处理

(1) DCP 的测试结果可用以锤击次数为横坐标、贯入深度为纵坐标的贯入曲线表示。

(2) 按式(5-2)计算平均每次的贯入量即贯入度 D_d,按相关性公式(5-3)计算 CBR 值。

$$D_d = \frac{D}{n} \tag{5-2}$$

式中:D_d——贯入度(mm);

D——贯入量(mm);

n——锤击次数。

$$\lg(CBR) = a + b \cdot \lg(D_d) \tag{5-3}$$

式中:CBR——结构层材料的现场 CBR 值;

a、b——换算系数。

(3) 也可按公式(5-4)计算动贯入阻力 Q_d,按相关性公式(5-5)计算 CBR 值。

$$Q_d = \frac{M}{M+m} \cdot \frac{MgH}{AD_d} \tag{5-4}$$

式中:Q_d——动贯入阻力(kPa);

M——落锤质量(kg);

m——贯入器即被打入部分(包括锥头、探杆、锤座和导向杆等)的质量(kg);

g——重力加速度，$g=9.8 m/s^2$；

H——落距(m)；

A——探头截面积(cm^2)。

$$\lg(CBR)=a+b \cdot \lg(Q_d) \tag{5-5}$$

（4）相关性试验：利用当地材料进行相关性试验，参照《公路路基路面现场测试规程》（JTG 3450—2019）附录 C 的规定建立现场 CBR 值与用 DCP 测试的贯入度 D_d 或动贯入阻力 Q_d 之间的相关性关系式(5-3)或式(5-5)。测点数宜不少于 15 个，相关系数 R 应不小于 0.95。

5.2.4 检测报告要求

本检测应报告以下技术内容。

（1）测试位置信息（桩号等）。

（2）锤击次数及相应的贯入量。

（3）试验停止时对应的结构层深度。

（4）CBR 值、相关性关系式及相关系数。

本试验检测记录表可参考表 5-2。

表 5-2 地基承载力检验检测记录表（标准贯入法）

试验室名称：　　　　　　　　　　　记录编号：

工程部位/用途		委托/任务编号	
样品名称		样品编号	
试验依据		样品描述	
试验条件		试验日期	
主要仪器设备及编号		钻孔标高	
地基类型		设计要求(kPa)	

标准贯入试验											
测点号	桩号	距中心线(m)左(+)右(−)	试验深度(m)	贯入度d(cm)			对应于Δ_i的击数N_i			实测击数N	修正击数$N°$(击/30cm)	探杆长度(m)	杆长修正系数α	实测承载力(kPa)
				d_1	T_2	L_3	N_1	N_2	N_3					
测点布置示意图														

任务 5.3　承载板测定土基回弹模量

承载板法测定土基回弹模量的原理是：在现场土基表面，通过采用刚性承载板，对土基逐级加载、卸载的方式，测出每级荷载下相应的土基回弹变形，再根据弹性半空间体理论计算求得土基的回弹模量。

5.3.1　适用范围

本方法适用于在现场土基表面，通过承载板对土基逐级加载、卸载的方法，测出每级荷载下相应的土基回弹变形值，通过计算求得土基回弹模量。

5.3.2　仪具与材料

（1）反力装置：载重汽车后轴重不小于60kN，在汽车大梁的后轴之后设有一加劲横梁作反力架用。

（2）荷载装置，如图 5-6 和图 5-7 所示。由千斤顶、测力计（测力环或压力表）及球座组成。

图 5-6　反力加载装置

（3）刚性承载板一块，板厚 20mm，直径为 ϕ300mm，直径两端设有立柱和可以调整高度的支座，供安放贝克曼梁测头用，承载板安放在土基表面上。

（4）贝克曼梁、百分表及其支架 2 套。

（5）液压千斤顶一台，80~100kN，装有压力表或测力环，其量程不小于土基强度，测试精度不小于测力计量程的 1%。

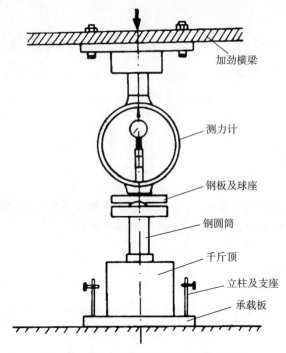

图 5-7 承载板试验现场测试装置示意图

(6) 秒表、水平尺、细砂、毛刷、垂球、镐、铁锹、铲等。

5.3.3 方法和步骤

1. 准备工作

(1) 根据需要选择有代表性的测点,测点应位于水平的路基上,土质均匀,不含杂物。

(2) 平整土基表面,撒干燥洁净的细砂填平土基凹处,砂子不可覆盖全部土基表面避免形成夹层。

(3) 安置承载板,并用水平尺进行校正,使承载板处于水平状态。

(4) 将试验车置于测点上,在加劲横梁中部悬挂垂球测试,使之恰好对准承载板中心,然后收起垂球。

(5) 在承载板上安放千斤顶,上面衬垫钢圆筒、钢板,并将球座置于顶部与加劲横梁接触,如用测力环时,应将测力环置于千斤顶与横梁中间,千斤顶及衬垫物必须保持垂直,以免加压时千斤顶倾倒发生事故并影响测试数据的准确性。

(6) 将两台贝克曼梁的测头分别置于承载板立柱的支座上。

2. 测试步骤

(1) 用千斤顶开始加载,注视测力环或压力表,至预压 0.05MPa,稳压 1min,使承载板与土基紧密接触,同时检查百分表的工作情况是否正常,然后放松千斤顶油门卸载,稳压 1min 后,将百分表调零或调至其他合适的初始位置上,记录初始读数。

(2) 测试土基的压力-变形曲线。用千斤顶加载,采用逐级加载卸载法,用压力表或测力环控制加载量,荷载小于 0.1MPa 时,每级增加 0.02MPa,以后每级增加 0.04MPa 左右。

为了使加载和计算方便,加载数值可适当调整为整数。每次加载至预定荷载(p)后,稳定1min,立即读记两个百分表数值,然后轻轻放开千斤顶油门卸载至0,待卸载稳定1min后,再次读数,每次卸载后百分表不再调零。当两个百分表读数之差小于平均值的30%时,取平均值。如超过30%,则应重测。当回弹变形值超过1mm时,即可停止加载。

(3) 各级荷载的回弹变形和总变形,按以下方法计算:

回弹变形=(加载后读数平均值−卸载后读数平均值)×贝克曼梁杠杆比

总变形=(加载后读数平均值−加载初始前读数平均值)×贝克曼梁杠杆比

(4) 最后一次加载卸载循环结束后,取走千斤顶,重新读取百分表初读数,然后将汽车开出10m以外,读取终读数,按以下方法计算总影响量a:

总影响量(a)=(百分表初读数平均值−百分表终读数平均值)×贝克曼梁杠杆比

(5) 在试验点下取样,测试材料含水率。取样数量如下:
- 最大粒径不大于4.75mm,试样数量约120g;
- 最大粒径不大于19.0mm,试样数量约250g;
- 最大粒径不大于31.5mm,试样数量约500g。

(6) 在紧靠试验点旁边的适当位置,用灌砂法(T0921)或环刀法(T0923)等测试土基的密度。

3. 数据处理

(1) 各级压力下的影响量a_i,按式(5-6)计算:

$$a_i = \frac{(T_1+T_2)\pi D^2 p_i}{4T_1 Q} \cdot a \tag{5-6}$$

式中:a_i——第i级压力的影响量(0.01mm);

T_1——载重汽车前后轴距(m);

T_2——加劲小梁距后轴距离(m);

D——承载板直径(m),记为0.3m;

p_i——第i级承载板压力(Pa);

Q——载重汽车后轴重(N);

a——总影响量(0.01mm)。

(2) 回弹变形计算值(L_i)为各级压力的回弹变形值加上该级的影响量。排除显著偏离的异常点,绘出顺滑的p-L曲线,如曲线起始部分出现反弯,应按图5-8所示修正原点O,O'则是修正后的原点。

(3) 按式(5-7)计算相应于各级荷载下的土基回弹模量E_i值:

$$E_i = \frac{\pi D}{4} \cdot \frac{p_i}{L_i}(1-\mu_0^2) \tag{5-7}$$

式中:E_i——相应于第i级荷载下的土基回弹模量(MPa);

μ_0——土的泊松比,根据《公路沥青路面设计规

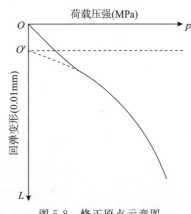

图5-8 修正原点示意图

范》(JTG D50—2017)取用,当无规定时,非黏性土可取 0.30,高黏性土取 0.50。一般可取 0.35 或 0.40;

L_i——相对于荷载 p_i 时的第 i 级回弹变形计算值(cm)。

(4) 取结束试验前的各级回弹变形计算值,按线性回归方法由式(5-8)计算土基回弹模量 E_0 值。

$$E_0 = \frac{\pi D}{4} \cdot \frac{\sum p_i}{\sum L_i}(1-\mu_0^2) \tag{5-8}$$

5.3.4 本检测应报告的技术

本检测应报告以下技术内容。
(1) 测试位置信息(桩号等)。
(2) 试验时土基的含水率、土基密度。
(3) 回弹变形、影响量及土基回弹模量。
本试验检测记录表可参考表 5-3。

表 5-3 承载板测定土基回弹模量试验记录表

路线和编号:									
测定层位:			路面结构:						
承载板直径(cm):			测定用汽车型号:						
			测定日期: 年 月 日						

千斤顶读数	荷载(kN)	承载板压力(MPa)	百分表读数(0.01mm)			总变形(0.01mm)	回弹变形(0.01mm)	分级影响量(0.01mm)	计算回弹变形(0.01mm)	E_i(MPa)
			加载前	加载后	卸载后					
总影响量 a(0.01mm)										
土基回弹模量 E_0 值/MPa										

任务 5.4 贝克曼梁测定路基路面回弹弯沉

本方法适用于测定静止加载时或以非常慢的速度加载时各类路基路面的回弹弯沉值,并能良好地反映出路基路面的总体强度。

沥青路面的弯沉检测以沥青面层平均温度 20℃时为准,当路面平均温度在(20±2)℃以内可不修正,在其他温度测试时,对沥青层厚度大于 5cm 的沥青路面,弯沉值应予温度修正。

5.4.1 适用范围

本方法适用于测试路基及沥青路面的回弹弯沉,以便评价其承载能力。

本方法不适用于路基冻结后的回弹弯沉检测。

5.4.2 仪具与材料

(1)贝克曼梁:由合金铝制成,上有水准泡,其前臂与后臂长度比为 2∶1。贝克曼梁按长度分为 5.4m(3.6+1.8)梁和 3.6m(2.4+1.2)梁两种,如图 5-9 所示。长度为 5.4m 的贝克曼梁适用于各种类型的路面结构回弹弯沉的测试;长度为 3.6m 的贝克曼梁适用于柔性基层沥青路面回弹弯沉的测试。

图 5-9 贝克曼梁

(2)加载车:单后轴、单侧双轮组的载重车,双轮轮隙应能满足自由插入贝克曼梁测头的要求,轴载、轮胎气压等技术参数应符合表 5-4 的要求。

表 5-4 加载车的参数要求

后轴标准轴载 p(kN)	100±1
单侧双轮荷载(kN)	50±0.5
轮胎气压(MPa)	0.7±0.05
单轮传压面当量圆面积(mm^2)	(3.56±0.20)×10^4

(3) 百分表及表架。

(4) 路表温度计：分辨率不大于 1℃。

(5) 其他：钢直尺等。

5.4.3 方法和步骤

1. 准备工作

(1) 检查并保持测试用加载车的车况及制动性能良好，轮胎气压应符合表 5-4 的要求。

(2) 给加载车配重，并用地中衡称量后轴总质量及单侧双轮荷载等，均应符合表 5-4 的要求，加载车行驶及测试过程中，轴重不应变化。

(3) 若启用新加载车或加载车轮胎发生较大磨损时应测试轮胎传压面面积。轮胎传压面面积测试方法如下：确保加载车双侧轮载及其轮胎气压满足表 5-4 的要求，在平整光滑的硬质路面上用千斤顶将汽车后轴顶起，在轮胎下方铺一张新的复写纸和一张方格纸，轻轻落下千斤顶，即在方格纸上印上轮胎印痕。用求积仪或数方格的方法测算单个轮胎印迹范围内的面积，均应符合表 5-4 中单轮传压面当量圆面积的要求。

(4) 当在沥青路面上测试时，通过气象台了解前 5d 的平均气温（日最高气温与最低气温的平均值）。

(5) 记录沥青路面结构层材料类型、设计厚度等情况。

2. 测试步骤

(1) 将加载车停放在测试路段的测试位置，后轮一般应置于道路行车轮迹带上。将贝克曼梁插入加载车后轮轮隙处，与加载车行车方向一致，梁臂不得接触轮胎。贝克曼梁测头置于轮隙中心前方 30~50mm 处测点上。用路表温度计测量并记录测点附近的路表温度。可采用两台贝克曼梁对双侧轮迹同时进行回弹弯沉测试。

(2) 将百分表安装在表架上，并将百分表的测头安放在贝克曼梁的测定杆顶面。轻轻叩击贝克曼梁，确保百分表正常归位。

(3) 指挥加载车缓缓前进，速度一般为 5km/h 左右，百分表示值随路面变形持续增加。当示值最大时，迅速读取初读数 L_1。加载车仍继续前进，示值开始反向变化，待加载车驶出弯沉影响范围（约 3m 以上）、百分表示值稳定后，读取终读数 L_2。

(4) 指挥加载车沿轮迹带前行，驶向下一测试位置，重复(1)~(3)的步骤，完成测试路段的回弹弯沉测试。

当采用 5.4m 贝克曼梁测试弯沉时，一般可不进行支点变形修正。当有可能引起贝克曼梁支座处变形，在测试时应检验支点有无变形。如果有变形，此时应用另一台测试用的贝克曼梁安装在测定用贝克曼梁的后方，其测点架于测定用贝克曼梁的支点旁。当加载车开出时，同时测定两台贝克曼梁的弯沉读数，如检验贝克曼梁百分表有读数，即应该记录并进行支点变形修正。当在同一结构层上测定时，可在不同位置测定 5 次，求取平均值，以后每次测定时以此作为修正值。支点变形修正的原理如图 5-10 所示。

3. 数据处理

(1) 路面测点的回弹弯沉值按式(5-9)计算。

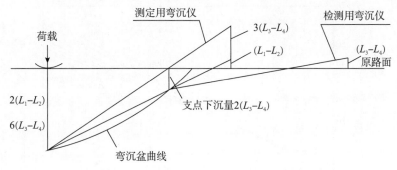

图 5-10 贝克曼梁支点变形修正原理

$$L_t=(L_1-L_2)\times 2 \tag{5-9}$$

式中：L_t——在沥青面层平均温度 t 时的回弹弯沉值(0.01mm)；

L_1——车轮中心临近贝克曼梁测头时百分表的最大读数(0.01mm)；

L_2——加载车驶出弯沉影响半径后待百分表稳定后的终读数(0.01mm)。

(2) 当需进行弯沉仪支点变形修正时，按式(5-10)计算路面测点回弹弯沉值。

$$L_t=(L_1-L_2)\times 2+(L_3-L_4)\times 6 \tag{5-10}$$

式中：L_3——加载车中心临近贝克曼梁测头时检验用贝克曼梁的最大读数(0.01mm)；

L_4——加载车驶出弯沉影响半径后检验用贝克曼梁的终读数(0.01mm)。

式(5-10)适用于测定用贝克曼梁支座处有变形，但百分表架处路面已无变形的情况。

(3) 当沥青面层厚度大于50mm时，回弹弯沉值应根据沥青面层平均温度进行温度修正，按下列步骤进行。

① 按式(5-11)计算测定时的沥青面层平均温度。

$$t=(t_{25}+t_m+t_e)/3 \tag{5-11}$$

式中：t——测定时沥青面层平均温度(℃)；

t_{25}——根据 t_0 由图 5-11 决定的路表下 25mm 处的温度(℃)；

t_m——根据 t_0 由图 5-11 决定的沥青面层中间深度的温度(℃)；

t_e——根据 t_0 由图 5-11 决定的沥青面层底面处的温度(℃)；

t_0——测定时路表温度与测定前 5d 日平均气温的平均值之和(℃)，日平均气温为日最高气温与最低气温的平均值。

② 当沥青面层平均温度在(20±2)℃时，温度修正系数 $K=1$。当沥青面层平均温度为其他温度时，应根据沥青面层厚度，分别由图 5-12 及图 5-13 求取不同基层的沥青路面弯沉值的温度修正系数 K。

③ 按式(5-12)计算修正后的沥青路面回弹弯沉值。

$$l_{20}=L_t\times K \tag{5-12}$$

式中：l_{20}——修正后的沥青路面回弹弯沉值(0.01mm)；

K——温度修正系数。

④ 按照《公路路基路面现场测试规程》(JTG 3450—2019)附录 B 的方法，计算一个测试路段的回弹弯沉平均值、标准差及代表值。

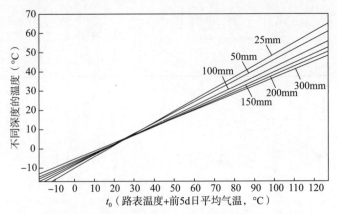

图 5-11 沥青面层平均温度的确定

注：线上的数字表示从道路表面向下的不同深度。

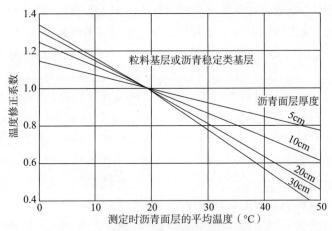

图 5-12 路面弯沉温度修正系数曲线(1)

注：适用于粒料基层及沥青稳定基层。

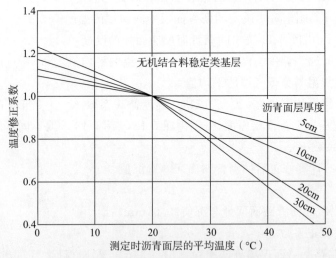

图 5-13 路面弯沉温度修正系数曲线(2)

注：适用于无机结合料稳定的半刚性基层。

5.4.4 检测报告要求

本检测应报告以下技术内容。
(1) 测试路段信息(桩号、路面结构层材料类型及设计厚度等)。
(2) 沥青面层平均温度、温度修正系数、回弹弯沉值。
(3) 测试路段的回弹弯沉平均值、标准差及代表值。
本试验检测记录表可参考表 5-5。

表 5-5 回弹弯沉试验记录

承包单位	×××公司			合同号		
监理单位	××监理公司			编号		
路面层次	沥青混凝土上面层			测试时间	9:30	试验车型	BZZ-100
容许弯沉值(0.01mm)	30			天气温度	21℃	后轴重	100kN
仪器型号	5.4m贝克曼梁			检验车道	左幅行车道	后胎气压	0.7MPa
检验路段	(K1+000)~(K1+140)			路况描述	干燥		
测点桩号	读数值(0.01mm)				回弹弯沉值(0.01mm)		备注
	左轮		右轮		左轮	右轮	
	初读数	末读数	初读数	末读数			
K1+020	21	14	18	13	14	10	
K1+040	16	11	17	11	10	12	
K1+060	17	12	18	13	10	10	
K1+080	15	11	16	12	8	8	
K1+100	18	11	20	14	14	14	
K1+120	19	13	18	12	12	12	
K1+140	15	10	18	12	10	12	
总测点数 n(点)	14			平均弯沉值 L(0.01mm)		10.9	
标准差 S(0.01mm)	2.1			代表弯沉值 L_r(0.01mm)		14.4	

知识拓展 4 落锤式弯沉仪测定路面弯沉

复习思考题

一、单项选择题

1. 用刚性承载板(直径 30cm)测定土基回弹模量时,各级压力值总和为 0.85MPa,对应的各级回弹变形值(已计入影响值)总和为 0.439cm,泊松比为 0.35,则回弹模量为

( )MPa。
  A. 30   B. 36   C. 40   D. 45

2.《公路路基路面现场测试规程》(JTG 3450—2019)中,承载板法测土基回弹模量试验所用承载板的直径为( )mm。
  A. 50   B. 150   C. 300   D. 800

3. 贝克曼梁是测量路基路面强度的重要仪器,它测量的数值为( )。
  A. 回弹弯沉 B. 总弯沉 C. 滚动弯沉 D. 动态弯沉

4. 贝克曼梁法测定弯沉,测试前应将试验车后轮轮隙对准( )位置。
  A. 测点后 3~5cm   B. 测点正上方
  C. 测点前 3~5cm   D. 测点前 5~7cm

5. 落锤式弯沉仪组成不包括( )。
  A. 荷载发生装置   B. 弯沉检测装置
  C. 载重汽车   D. 运算及控制装置

6. 落锤式弯沉仪测量弯沉时,每个测点一般重复测试不少于( )次。
  A. 2   B. 3   C. 4   D. 5

7. 在贝克曼梁法测试路面弯沉试验中,贝克曼梁的测头应放在加载车( )处测点上。
  A. 轮隙中心后方 30~50mm B. 轮隙中心前方 30~50mm
  C. 轮隙中心后方 50~100mm D. 轮隙中心前方 50~100mm

二、多项选择题

1. 现场承载板法测定土基回弹模量测定需要检测的参数是( )。
  A. 土基含水率   B. 测点的表面温度
  C. 测点的密度   D. 压强与贯入量的实系

2. 贝克曼梁按长度分为( )m 的梁。
  A. 2.4   B. 3.6   C. 5.4   D. 7.2

3. 有关沥青混凝土面层弯沉测试评定中,下列说法不正确的是( )。
  A. 代表弯沉值大于设计弯沉值为合格
  B. 当路面温度不是(20±2)℃时,必须对测定值进行温度修正
  C. 沥青面层厚度不大于 5cm 时,不进行温度修正
  D. 若在非不利季节测定,测定值应进行季节影响修正

4. 贝克曼梁法测弯沉,以下不用对测值进行温度修正的情况是( )。
  A. 测量路基弯沉   B. 测量时路表面温度为 20℃
  C. 测量水稳基层的路表面弯沉 D. 沥青面层厚度不足 5cm

5. 贝克曼梁弯沉仪常用的规格有( )m,杠杆比一般为 2∶1。
  A. 5.4   B. 7.2   C. 1.2   D. 3.6

6. 对贝克曼梁检测弯沉用标准车的要求有( )。
  A. 双后轴   B. 后轴双侧 4 轮
  C. 轮胎充气压力 0.5MPa D. 标准轴载 BZZ-100

三、判断题

1. 承载板法测量土的回弹模量试验中,要求每个平行试验结果与平均值相差不应超过2%。(　　)

2. 土基现场CBR试验的贯入量应以两个百分表的平均值计,当两个百分表读数差值超过其平均值的50%时,应停止试验,检查原因。(　　)

3. 贝克曼梁测定路基路面回弹模量方法适用于土基或厚度不小于1m的粒料整层表面。(　　)

4. 贝克曼梁法测弯沉,测试前应使试验车后轮轮隙对准测点前3~5cm位置。(　　)

5. 用两台弯沉仪同时进行左右轮弯沉测定时,应按两个独立点考虑,不能采用左右两点的平均值。(　　)

6. 当气温为20℃时,贝克曼梁法测路面弯沉的结果可以不进行温度修正。(　　)

7. 在测定半刚性基层沥青路面的弯沉时,用3.6m贝克曼梁测得的回弹弯沉比用5.4m贝克曼梁测得的结果偏大。(　　)

8. 落锤式弯沉仪检测路面弯沉时,一般舍去单个测点的首次测值,取其后几次测值的平均值作为该点的弯沉值。(　　)

9. 贝克曼梁法测路面弯沉时,当沥青面层厚度大于50mm时,回弹弯沉值可以不用进行温度修正。(　　)

四、综合题

某三级公路进行升级改造,为了解路基状况,检测机构用承载板法测定土基回弹模量。请回答以下问题。

(1) 该试验需要(　　)等设备。
　　A. 千斤顶　　B. 测力计　　C. 贝克曼梁　　D. 温度计

(2) 试验过程中用到的刚性承载板的直径为(　　)cm。
　　A. 30　　B. 45　　C. 20　　D. 15

(3) 试验过程中,采用千斤顶进行逐级加载、卸载,当加载的荷载大于0.1MPa时,每级增加的荷载为(　　)MPa。
　　A. 0.02　　B. 0.04　　C. 0.05　　D. 0.1

(4) 测定总影响量a时,最后一次加载卸载循环结束后取走千斤顶重读取两只百分表初读数,然后将测试车辆开出10m外,读取终读数总影响量a为(　　)。
　　A. 两只百分表初读数与终读数之差的平均值
　　B. 两只百分表初读数平均值与终读数平均值之差
　　C. 两只百分表初读数平均值与终读数平均值之差,再乘以贝克曼梁杠杆比
　　D. 两只百分表初读数与终读数之差的平均值,再除以贝克曼梁杠杆比

(5) 测量试验点土样含水率时,当最大粒径为26.5mm时,取样数量约为(　　)。
　　A. 60　　B. 120　　C. 250　　D. 500

项目 6 水泥混凝土强度检测

项目描述

回弹法是用一个弹簧驱动的重锤通过弹击杆弹击混凝土表面,并测出重锤被反弹回来的距离,以回弹值作为与强度相关的指标来推定混凝土强度的一种方法。

超声回弹法是指采用混凝土超声波检测仪和混凝土回弹仪在结构混凝土同一测区分别测量声速值 v(在混凝土中,超声脉冲单位时间内的传播速度)及回弹值 R,根据混凝土强度与表面硬度以及超声脉冲在混凝土中传播的规律之间的相关关系推定混凝土强度等级的一种检测方法。

取芯法是利用钻机,从结构混凝土中钻取芯样以检测混凝土强度或观察混凝土内部质量的方法。由于它会对结构混凝土造成局部损伤,因此是一个半破损的现场检测手段。

教学目标

1. 知识目标

(1)掌握回弹仪法检测混凝土强度的方法和步骤。
(2)掌握取芯法检测路面强度的方法。

2. 能力目标

(1)能利用回弹仪检测水泥混凝土强度。
(2)能对取芯法混凝土强度计算数据进行处理。

任务 6.1 回弹仪法测试水泥混凝土强度

6.1.1 适用范围

本方法适用于快速测试水泥混凝土路面的抗压强度,不作为混凝土路面的强度评定、仲裁试验或工程验收使用。不适用于表面与内部质量有明显差异或内部存在缺陷的水泥混凝土强度测试;不适用于厚度小于 100mm 水泥混凝土强度测试。

6.1.2 仪具与材料

(1)混凝土回弹仪:指针直读式混凝土回弹仪,构造和主要零件名称如图 6-1 和图 6-2

所示,也可采用数字显示式回弹仪或自记录式回弹仪。

(2) 酚酞酒精溶液:浓度 1%～2%。

(3) 游标卡尺:分度值 0.02mm。

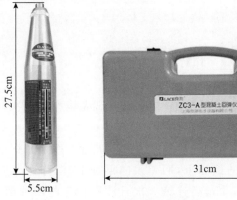

图 6-1 回弹仪

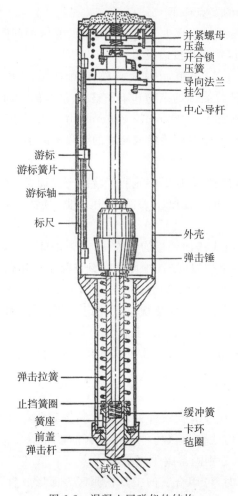

图 6-2 混凝土回弹仪的结构

(4) 碳化深度测定仪:分度值 0.25mm。

(5) 钢砧:洛氏硬度(60±2)HRC。

(6) 其他:手提式砂轮、凿子、锤、吸耳球等。

6.1.3 方法和步骤

1. 准备工作

(1) 确保测试时环境温度为 -4~40℃。

(2) 回弹仪率定的要点如下。

① 回弹仪使用前,应在钢砧上进行率定,在每天测试完毕率定一次,测试过程中对回弹值有怀疑时也应进行率定。

② 回弹仪率定试验宜在温度为 5~35℃ 的条件下进行。率定时钢砧表面应干燥、清洁,钢砧应稳固地平放在刚度大的地面上,回弹仪向下弹击时,弹击杆应分 4 次旋转,每次旋转约 90°,弹击 3~5 次,取其中最后连续 3 次且读数稳定的回弹值进行平均作为率定值。

(3) 布置测区和测点的要点如下。

① 每个混凝土板的测区数不宜少于 10 个,相邻两测区的间距不宜大于 2m;测区宜在混凝土板表面上均匀分布,并避开板边板角。

② 测区表面应清洁、干燥、平整,不应有疏松层、饰面层、粉刷层、浮浆、油垢以及蜂窝、麻面等,必要时可用砂轮清除表面的杂物和不平整处,磨光的表面不应有残留粉尘或碎屑。

③ 一个测区的面积不宜大于 200mm×200mm,每一测区测试 16 个测点,相邻两测点的间距不宜小于 30mm,测点距路面边缘或接缝的距离不应小于 200mm。

2. 回弹值测试

在测试过程中,回弹仪的轴线应始终垂直于混凝土表面,具体操作应符合下列要求。

(1) 将回弹仪的弹击杆顶住混凝土表面,轻压仪器,使按钮松开,弹击杆徐徐伸出,并使挂钩挂上弹击锤。

(2) 手持回弹仪对混凝土表面缓慢均匀施压,待弹击锤脱钩,冲击弹击杆后,弹击锤即带动指针向后移动到达一定位置,指针刻度线在刻度尺上的示值即为该点的回弹值,测点不应在气孔或外露石子上,同一测点只弹击一次。

(3) 使用上述方法在混凝土表面依次读数并记录回弹值,如条件不利于读数,可按下按钮,锁住机芯,将回弹仪移至他处读数,准确至 1 个单位。

(4) 使用完毕应将弹击杆压入仪器内,经弹击后按下按钮,锁住机芯,待下一次使用。

3. 碳化深度测试

(1) 回弹值测量完毕,应在有代表性的测区上测量碳化深度值,测点数不应少于构件测区数的 30%,应取其平均值作为该构件每个测区的碳化深度值。当碳化深度值极差大于 2.0mm 时,在每一测区分别测量碳化深度值。

(2) 测量碳化深度值时,可用合适的工具在测区表面形成直径约为 15mm 的孔洞(其深度略大于混凝土的碳化深度),然后用吸耳球吹去孔洞中的粉末和碎屑(不得用液体冲洗),并立即用浓度为1‰～2‰的酚酞酒精溶液洒在孔洞内壁的边缘处,当已碳化与未碳化界限清楚时(未碳化部分变成紫红色),用碳化深度测定仪或深度游标卡尺测试已碳化与未碳化交界面至混凝土表面的垂直距离3次,取3次测试的平均值作为碳化深度测试结果,准确至0.5mm。

4. 数据处理

(1) 将一个测区的16个测点的回弹值去掉3个最大值及3个最小值,其余10个回弹值按式(6-1)计算测区平均回弹值。

$$\overline{N}_s = \frac{\sum N_i}{10} \tag{6-1}$$

式中:$\overline{N}_s$——测区平均回弹值,准确至0.1,无量纲;

N_i——第i个测点的回弹值。

(2) 根据回弹仪轴线与水平方向的角度将测得的数据按式(6-2)进行修正,计算非水平方向测试的回弹修正值。当测试水泥混凝土路面为向下垂直方向时,测试角度为$-90°$,回弹修正值ΔN如表6-1所示。

$$\overline{N} = \overline{N}_s + \Delta N \tag{6-2}$$

式中:$\overline{N}$——经非水平测试修正的测区平均回弹值;

ΔN——非水平测试的回弹值的修正值,由表6-1或内插法求得,准确至0.1。

表6-1 非水平方向测试的回弹修正值

$\overline{N}_s$	与水平方向所成的角度 α							
	$+90°$	$+60°$	$+45°$	$+30°$	$-30°$	$-45°$	$-60°$	$-90°$
20	-6.0	-5.0	-4.0	-3.0	$+2.5$	$+3.0$	$+3.5$	$+4.0$
30	-5.0	-4.0	-3.5	-2.5	$+2.0$	$+2.5$	$+3.0$	$+3.5$
40	-4.0	-3.5	-3.0	-2.0	$+1.5$	$+2.0$	$+2.5$	$+3.0$
50	-3.5	-3.0	-2.5	-1.5	$+1.0$	$+1.5$	$+2.0$	$+2.5$

注:α——回弹仪轴线与水平方向的角度,表中未列入的$\overline{N}_s$,可用内插法求得。

(3) 平均碳化深度按式(6-3)计算。

$$L = \frac{1}{n}\sum_{i=1}^{n} L_i \tag{6-3}$$

式中:L——碳化深度(mm);

L_i——第i个测点的碳化深度(mm);

n——测点数。

如平均碳化深度值等于或大于6.0mm时,取6.0mm。

(4) 混凝土强度推算。将回弹值换算为混凝土强度时,宜采用下列方法。

① 有试验条件时,宜通过试验建立专用测强曲线,但测强曲线仅适用于材料质量、成型、养护和龄期等条件基本相同的混凝土。混凝土标准试块为150mm×150mm×150mm,采用1.5、1.75、2.0、2.25、2.50五个灰水比,以便得到不少于30对数据,试件

与被测对象有相同的养护条件,到达龄期后,将试块用压力机加压至30~50kN稳住,用回弹仪在两侧面分别测试8个测点,按式(6-1)计算平均回弹值,然后进行抗压强度试验,用最小二乘法建立二者相关性关系的推定式,推定式可为直线式或其他适当的形式,但相关系数R不得小于0.95。然后根据测区平均回弹值,利用测强曲线推定混凝土抗压强度。

② 在没有条件通过试验建立专用测强曲线时,每个测区混凝土的抗压强度值R_i可按平均回弹值及平均碳化深度值$\overline{L}$,根据表6-2查出。

表6-2 测区混凝土抗压强度值换算表

平均回弹值 $\overline{N}$	测区混凝土抗压强度值 R_i (MPa)											
	平均碳化深度值 $\overline{L}$ (mm)											
	0.0	0.5	1.0	1.5	2.0	2.5	3.0	3.5	4.0	4.5	5.0	5.5	≥6
20	10.3	10.1											
21	11.4	11.2	10.8	10.5	10.0								
22	12.5	12.2	11.9	11.5	11.0	10.6	10.2						
23	13.7	13.4	13.0	12.6	12.1	11.6	11.2	10.8	10.5	10.1			
24	14.9	14.6	14.2	13.7	13.1	12.7	12.2	11.8	11.5	11.0	10.7	10.4	10.1
25	16.2	15.9	15.4	14.9	14.3	13.8	13.3	12.8	12.5	12.0	11.7	11.3	10.9
26	17.5	17.2	16.6	16.1	15.4	14.9	14.4	13.9	13.5	13.0	12.6	12.2	11.6
27	18.9	18.5	18.0	17.4	16.6	16.1	15.5	14.8	14.6	14.0	13.6	13.1	12.4
28	20.3	19.7	19.2	18.4	17.6	17.0	16.5	15.8	15.4	14.8	14.4	13.9	13.2
29	21.8	21.1	20.5	19.6	18.7	18.1	17.5	16.8	16.4	15.8	15.4	14.6	13.9
30	23.3	22.6	21.9	21.0	20.0	19.3	18.6	17.9	17.4	16.8	16.4	15.4	14.7
31	24.9	24.2	23.4	22.4	21.4	20.7	19.9	19.2	18.4	17.9	17.4	16.4	15.5
32	26.5	25.7	24.9	23.9	22.8	22.0	21.2	20.4	19.6	19.1	18.4	17.5	16.4
33	28.2	27.4	26.5	25.4	24.3	23.4	22.6	21.7	20.9	20.3	19.4	18.5	17.4
34	30.0	29.1	28.0	26.8	25.6	24.6	23.7	23.0	22.1	21.3	20.4	19.5	18.3
35	31.8	30.8	29.6	28.0	26.7	25.8	24.8	24.0	23.2	22.3	21.4	20.4	19.2
36	33.6	32.6	31.2	29.6	28.2	27.2	26.2	25.2	24.5	23.5	22.4	21.4	20.2
37	35.5	34.4	33.0	31.2	29.8	28.8	27.7	26.6	25.9	24.8	23.4	22.4	21.3
38	37.5	36.4	34.9	33.0	31.5	30.3	29.2	28.1	27.4	26.2	24.8	23.6	22.5
39	39.5	38.2	36.7	34.7	33.0	31.9	30.6	29.8	28.8	27.4	26.0	24.8	23.7
40	41.6	39.9	38.3	36.2	34.5	33.3	31.7	30.8	30.0	28.4	27.0	25.8	25.0
41	43.7	42.0	40.2	38.0	36.0	34.8	33.2	32.3	31.5	29.7	28.4	27.1	26.2
42	45.9	44.1	42.2	39.9	37.6	36.3	34.9	34.0	33.0	31.2	29.8	28.5	27.5
43	48.1	46.2	44.2	41.8	39.4	38.0	36.6	35.6	34.6	32.7	31.3	29.8	28.9
44	50.4	48.4	46.4	43.8	41.3	39.8	38.3	37.3	36.3	34.3	32.8	31.2	30.2

续表

平均回弹值 $\overline{N}$	测区混凝土抗压强度值 R_i(MPa) 平均碳化深度值 $\overline{L}$(mm)											
	0.0	0.5	1.0	1.5	2.0	2.5	3.0	3.5	4.0	4.5	5.0	5.5	≥6
45	52.7	50.6	48.5	45.8	43.2	41.6	40.1	39.0	37.9	35.8	34.3	32.7	31.6
46	55.0	52.8	50.6	47.9	45.2	43.5	41.9	40.8	39.7	37.5	35.8	34.2	33.1
47	57.5	55.2	52.9	50.0	47.2	45.2	43.7	42.6	41.4	39.1	37.4	35.6	34.5
48	60.0	57.6	55.2	52.2	49.2	47.4	45.6	44.4	43.2	40.8	39.0	37.2	36.0
49		60.0	57.5	54.4	51.3	49.4	47.5	46.2	45.0	42.5	40.6	38.8	37.5
50			59.9	56.7	53.4	51.4	49.5	48.2	46.9	44.3	42.3	40.4	39.1
51				59.0	55.6	53.5	51.5	50.1	48.8	46.1	44.1	42.0	40.7
52					57.8	55.7	53.6	52.1	50.7	47.9	45.8	43.7	42.3
53					60.0	57.8	55.6	54.2	52.7	49.8	47.6	45.4	43.9
54						60.0	57.8	56.3	54.7	51.7	49.4	47.1	45.6
55							59.9	58.4	56.8	53.6	51.3	48.9	47.3
56												58.3	56.4

注：采用本表换算的混凝土龄期宜大于 14d，抗压强度为 10.0~60.0MPa，表中未列入的可用内插法求得。

③ 计算测试对象全部测区的推定混凝土抗压强度的平均值、标准差、变异系数。

6.1.4 检测报告要求

本检测应报告以下技术内容。

（1）测试位置信息（测试位置、测区数量等）。
（2）测强曲线、回弹值与抗压强度的相关性关系式、相关系数。
（3）回弹值、抗压强度推定值。
（4）混凝土抗压强度的平均值、标准差及变异系数。

本试验检测记录表可参考表 6-3。

表 6-3 回弹仪检测混凝土强度记录表

工程名称：　　　　　　　结构名称：　　　　　　　设计强度等级：

测点编号	测区位置									
	1	2	3	4	5	6	7	8	9	10
	回弹值									
1										
2										

续表

测点编号	测区位置									
	1	2	3	4	5	6	7	8	9	10
	回弹值									
3										
4										
5										
6										
7										
8										
9										
10										
11										
12										
13										
14										
15										
16										
N_s										
ΔN										
N										
L(mm)										
R_{ni}(MPa)										
R_n(MPa)				S(MPa)				C_v(%)		
备注										

成型日期： 检验者： 计算者： 校核者：
检验日期：

任务 6.2　取芯法测试水泥混凝土路面强度

6.2.1　适用范围

本方法适用于取芯测试水泥混凝土路面混凝土劈裂强度、抗压强度值,评价水泥混凝土路面强度。

6.2.2 仪具与材料

(1) 路面取芯机:手推式或车载式。采用 $\phi 150mm$ 的钻头,配有淋水冷却装置。
(2) 游标卡尺:量程不小于 200mm,分度值为 0.02mm。
(3) 钢卷尺:量程不小于 5m,分度值为 1mm。
(4) 万能角度尺:分度值 $2'$。
(5) 塞尺:最小分度值 0.02mm。
(6) 钢板尺:长度不小于 300mm。
(7) 压力试验机:符合《公路工程水泥及水泥混凝土试验规程》(JTG 3420—2020)中 T0551 的规定。
(8) 劈裂夹具:符合《公路工程水泥及水泥混凝土试验规程》(JTG 3420—2020)中 T0561 的规定。
(9) 其他:岩石切割机、岩石磨平机、铁锹、毛刷、手持砂轮等。

6.2.3 方法和步骤

1. 准备工作

(1) 确定测试位置。
(2) 将取样位置清扫干净。

2. 测试步骤

(1) 在测试位置钻取芯样。
(2) 按照以下要求加工芯样。
① 劈裂试验芯样直径为 150mm,抗压试验芯样直径为 150mm 或 100mm;高度与直径之比应为 1。
② 芯样试件内不得含有钢筋或钢纤维。
③ 锯切后的芯样应进行端面处理,可采取在磨平机上磨平端面的处理方法。
④ 加工好的芯样应按要求测量尺寸。
(3) 对加工好的芯样按照《公路工程水泥及水泥混凝土试验规程》(JTG 3420—2020)的要求进行劈裂试验。
(4) 对加工好的芯样按照《公路工程水泥及水泥混凝土试验规程》(JTG 3420—2020)的要求进行抗压强度试验。

3. 数据处理

(1) 芯样劈裂强度 f_{ct} 按式(6-4)计算。

$$f_{ct} = \frac{2F}{\pi d_m l_m} \tag{6-4}$$

式中:f_{ct}——芯样劈裂强度(MPa);
　　　F——极限荷载(N);
　　　d_m——芯样截面的平均直径(mm);

l_m——芯样平均长度(mm)。

(2) 芯样抗压强度 f_{cu} 按式(6-5)计算。

$$f_{cu} = \frac{F}{A} \tag{6-5}$$

式中：f_{cu}——芯样抗压强度(MPa)；

F——极限荷载(N)；

A——芯样试件抗压截面面积(mm^2)。

强度测试值的计算及异常数据的取舍原则为：以 3 个试件测值的算术平均值为测试值，结果计算准确至 0.01MPa。如果 3 个试件中最大值或最小值中有一个与中间值的差值超过中间值的 15% 时，则取中间值为测试值；如有两个测值与中间值的差值均超过上述规定时，则该组试验结果无效。劈裂强度结果计算准确至 0.01MPa；抗压强度结果计算准确至 0.1MPa。

6.2.4 检测报告要求

本检测应报告以下技术内容。

(1) 测试位置信息(测试位置、测区数量等)。

(2) 芯样信息、养护条件。

(3) 劈裂强度值、抗压强度值。

本试验检测记录表可参考表 6-4。

表 6-4 水泥混凝土路面强度检测记录表(取芯法)

工程部位/用途				委托/任务编号			
试验依据				样品编号			
样品描述				样品描述			
试验条件				试验日期			
主要仪器设备及编号				检测类型			
试件编号							
取芯桩号							
部位距左边(m)							
龄期(d)							
芯样高度(mm)	1						
	2						
	平均值						
芯样直径(mm)	1						
	2						
	平均值						
高径比							

续表

劈裂抗弯拉强度试验	截面面积(cm²)						
	极限荷载(kN)						
	设计抗弯拉强度(MPa)						
	劈裂抗弯拉强度(MPa)						
轴芯抗压强度试验	受压面积(cm²)						
	极限荷载(kN)						
	修正系数						
	设计抗压强度(MPa)						
	轴芯抗压强度(MPa)						
备注:							

试验：　　　　　　　复核：　　　　　　　日期：　　年　　月　　日

复习思考题

一、单项选择题

1. 回弹法检测混凝土抗压强度，混凝土强度高，硬度大，则（　　）。
   A. 弹击锤回弹的距离大，回弹值小　　B. 弹击锤回弹的距离大，回弹值大
   C. 弹击锤回弹的距离小，回弹值大　　D. 弹击锤回弹的距离小，回弹值小
2. 回弹法检测混凝土强度时，单个构件测区数量一般不少于（　　）个。
   A. 10　　　　B. 5　　　　C. 2　　　　D. 16
3. 测定混凝土碳化深度时，采用酚酞酒精溶液滴在孔洞内壁的边缘处，已碳化的颜色为（　　）。
   A. 粉红色　　B. 无色　　C. 蓝色　　D. 黄色
4. 检测泵送混凝土强度时，测区应选在混凝土浇筑（　　）。
   A. 顶面　　　B. 底面　　　C. 侧面　　　D. 任意位置
5. 超声回弹综合法测定混凝土强度，采用双面对测，回弹测试应（　　）。
   A. 在构件测区内超声波的发射和接收面各弹击8点
   B. 在构件测区内超声波的发射和接收面各弹击16点
   C. 在构件测区内超声波的发射和接收面各弹击3点
   D. 在构件测区内弹击3点
6. 超声测点应布置在回弹测试的同一测区内，每一测区布置（　　）测点。
   A. 8个　　　　　　　　　　　　B. 3个

C. 发射和接收面各 3 个　　　　　　D. 发射和接收面各 8 个

7. 强度推定时,应先根据声时计算(　　)。
   A. 声速　　　B. 波幅　　　C. 频率　　　D. 波长

8. 劈裂强度结果计算准确至(　　)MPa。
   A. 0.01　　　B. 0.1　　　C. 1　　　D. 0.001

9. 强度测试值的计算及异常数据的取舍原则为:3 个试件中最大值或最小值中有一个与中间值的差值超过(　　)的 15% 时,则取中间值为测试值。
   A. 平均值　　　B. 最大值　　　C. 最小值　　　D. 中间值

二、多项选择题

1. 回弹仪在检测前后,均应在钢砧上做率定试验,并应符合下列(　　)规定。
   A. 率定试验应分 4 个方向进行,且每个方向弹击前,弹击杆应旋转 90°,每个方向的回弹平均值均应为 80±2
   B. 率定试验应分 4 个方向进行,每个方向取向下弹击一次的回弹值
   C. 率定试验应在中心点弹击 4 次,回弹平均值均应为 80±2
   D. 率定试验应分 4 个方向进行,每个方向回弹值应取连续向下弹击 3 次的稳定回弹结果的平均值

2. 超声回弹综合法是利用(　　)与混凝土强度之间有较好的相关性原理。
   A. 超声波声时　　　　　　B. 超声波波幅
   C. 混凝土回弹值　　　　　D. 超声波波速

3. 用超声回弹综合法测定混凝土强度,混凝土龄期应(　　)。
   A. 大于 7d　　　B. 大于 14d　　　C. 小于 2000d　　　D. 大于 2000d

4. 芯样试件尺寸偏差超过(　　)数值时,相应的测试数据无效。
   A. 芯样试件的实际高径比小于 0.95 或大于 1.05
   B. 沿芯样试件高度的任一直径与平均直径相差大于 2mm
   C. 芯样试件端面与轴线的不垂直度大于 1°
   D. 不平整度在每 100mm 长度内超过 0.1mm

5. 取芯法测试水泥混凝土路面强度应报告以下(　　)技术内容。
   A. 测试位置信息　　　　　　B. 芯样信息
   C. 养护条件　　　　　　　　D. 劈裂强度值、抗压强度值

三、判断题

1. 回弹仪测定的水泥混凝土路面板强度结果可以作为工程验收使用。(　　)
2. 取芯法测试水泥混凝土路面强度试验中,芯样加工要求试件的实际高径比应控制在 0.95~1.05。(　　)
3. 抗压强度结果计算准确至 0.1MPa。(　　)

项目 7 路面抗滑和渗水性能检测

项目描述

路面表面应具备足够的抗滑性能,以保证行车安全。若路面抗滑性能不足时,汽车起动会发生空转打滑现象;汽车在弯道上行驶会产生横向滑移;高速行车时紧急制动,所需的制动距离就会增长。路面滑溜极易引发交通事故。因此,抗滑性能是路面施工质量检验和使用性能评价的指标。

路面抗滑性能一般用轮胎与路面间的摩擦系数和表面宏观构造深度来表征,摩擦系数或构造深度越大,说明抗滑性能越高;摩擦系数测试方法有摆式仪法、单轮式横向力系数测试法、双轮式横向力系数测试法和动态旋转式摩擦系数测定仪法。构造深度测试法有手工铺砂法、电动铺砂法和激光构造深度仪法。

一般沥青路面应该是密实、不透水的。如果整个沥青路面渗水过大,路面表面的水就会向下渗透进入基层或路基,使路面承载力降低,导致路面结构破坏。为了使沥青路面结构具有良好的水稳定性,应该限制沥青路面面层的渗水性。因此,按我国有关规定,沥青混合料配合比设计需要对试件进行渗水试验,其渗水系数应满足要求;在沥青路面成型后应立即测定路面表层渗水系数,以检验沥青混合料面层的施工质量。

教学目标

1. 知识目标

(1) 掌握路面构造深度的检测方法。
(2) 掌握路面摩擦系数的检测方法。
(3) 掌握路面渗水仪的基本原理和适用范围。

2. 能力目标

(1) 能运用手工铺砂法检测路面构造深度。
(2) 能采用摆式摩擦系数测定仪检测路面摩擦系数。
(3) 能采用路面渗水仪测定沥青路面渗水系数。

任务 7.1 手工铺砂法测定路面构造深度

构造深度是指路表面开口空隙的平均深度,即宏观构造深度 TD,以 mm 计。

手工铺砂法测定路面构造深度的原理是:将已知体积的细砂摊铺在所要测试的路表的

测点上,量取摊平覆盖砂的圆形直径。计算嵌入凹凸不平的表面空隙中的砂的体积与所覆盖面积的比值,从而求得构造深度。

本方法适用于测定沥青路面及无刻槽水泥混凝土路面表面构造深度,用以评定路面表面的宏观构造。

7.1.1 适用范围和技术要求

本方法适用于测试沥青路面及无刻槽水泥混凝土路面表面构造深度,用以评定路面表面抗滑性能,水泥混凝土面层和沥青混凝土面层构造深度要求见表 7-1。

表 7-1 路面面层构造深度要求

结构名称	检查项目		规定值或允许偏差		检查方法和频率
			高速公路、一级公路	其他公路	
水泥混凝土面层	抗滑构造深度(mm)	一般路段	0.7~1.1	0.5~1.0	铺砂法:每200m测1处
		特殊路段	0.8~1.2	0.6~1.1	
	横向力系数SFC	一般路段	≥50	—	每20m测1点
		特殊路段	≥55	≥50	
沥青混凝土面层	构造深度		满足设计要求	—	铺砂法:每200m测1处

注:特殊路段是指高速公路、一级公路特殊路段包括立体交叉匝道、平面交叉口、弯道、变速车道、组合坡度不小于3%坡度段、桥面、隧道路面及收费站广场等处;其他公路特殊路段包括设超高路段、组合坡度大于或等于4%坡度段、交叉口路段、桥面及其上下坡段、隧道路面及集镇附近路段等处。

7.1.2 仪具与材料

(1)量砂筒:一端是封闭的,容积为(25 ± 0.15)mL,可通过称量砂筒中水的质量以确定其容积 V,并调整其高度,使其容积符合规定。带一专门的刮尺,可将筒口量砂刮平,如图 7-1 所示。

视频二维码:
手工铺砂法
测定路面
构造深度

图 7-1 人工铺砂仪

(2) 推平板:推平板应为木制或铝制,直径50mm,底面粘一层厚1.5mm的橡胶片,上面有一圆柱把手。

(3) 刮平尺:可用30cm钢板尺代替。

(4) 量砂:足够数量的干燥洁净的匀质砂,粒径0.15～0.3mm。

(5) 量尺:钢板尺、钢卷尺,或采用将直径换算成构造深度作为刻度单位的专用的构造深度尺。

(6) 其他:装砂容器(小铲)、扫帚或毛刷、挡风板等。

7.1.3 方法和步骤

1. 试验前准备工作

(1) 量砂准备:取洁净的细砂,晾干过筛,取0.15～0.3mm的砂置于适当的容器中备用。量砂只能在路面上使用一次,不得重复使用。

(2) 对测试路段按随机取样选点的方法决定测点所在横断面位置。测点应选在车道的轮迹带上,距路面边缘不应小于1m。

2. 测试步骤

(1) 用扫帚或毛刷将测点附近的路面清扫干净,面积不小于30cm×30cm。

(2) 用小铲向圆筒中缓缓注入准备好的量砂至高出量筒成尖顶状,手提圆筒上部,用钢尺轻轻叩打圆筒中部3次,并用刮尺边沿筒口一次刮平。

注:不可直接用量砂筒装量砂,以免影响量砂密度的均匀性。

(3) 将砂倒在路面上,用推平板由里向外重复做摊铺运动,稍稍用力将砂向外均匀摊开,使砂填入路表面的空隙中,尽可能将砂摊成圆形,并不得在表面上留有浮动余砂。注意摊铺时不可用力过大或向外推挤。

(4) 用钢板尺测量所构成圆的两个垂直方向的直径,取其平均值,准确至1mm。也可用专用尺直接测量构造深度。

(5) 按以上方法,同一处平行测试不少于3次,3个测点均位于轮迹带上,测点间距3～5m。对同一处测试应该由同一个试验员进行测试。该处的测试位置以中间测点的位置表示。

3. 数据处理

(1) 构造深度测试结果按式(7-1)计算。

$$TD = \frac{1000V}{\pi D^2/4} = \frac{31831}{D^2} \tag{7-1}$$

式中:V——砂的体积(25cm³);

D——摊平砂的平均直径(mm)。

(2) 每一测试位置均取3次路面构造深度的测试结果的平均值作为试验结果,准确至0.01mm。当平均值小于0.2mm时,试验结果以小于0.2mm表示。

(3) 按《公路路基路面现场测试规程》(JTG 3450—2019)附录B的规定,计算每一个测试路段构造深度的平均值、标准差、变异系数。

7.1.4 检测报告要求

本检测应报告以下技术内容。
（1）测试路段信息（桩号、测试位置等）。
（2）构造深度。
（3）测试路段构造深度的平均值、标准差及变异系数。
本试验检测记录表可参考表7-2。

表7-2 手工铺砂法测定路面构造深度试验记录表

工程名称							
起止桩号			试验日期				
测点桩号	测点位置距中桩左（+）右（-）(m)	砂体积(cm^3)	摊平砂直径(mm)			构造深度(TD)(mm)	构造深度（平均值）(mm)
			上下方向	左右方向	平均值		
TD平均值=　　mm　　　标准值=　　mm　　　变异系数=							
结论：				监理意见：			
试验人员：　　　　校核：							

任务 7.2 摆式仪测定路面摩擦系数

7.2.1 适用范围和技术要求

本方法适用于以指针式摆式仪测试无刻槽水泥路面和沥青路面的摆式摩擦系数值 BPN。

根据《公路工程质量检验评定标准 第一册 土建工程》(JTG F80/1—2017)规定,对于沥青混凝土面层及沥青碎石面层,路面摩擦系数须满足设计要求,摆式仪检测频率为每 200m 测 1 处。

7.2.2 仪具与材料

(1)指针式摆式仪:形状及结构如图 7-2 所示,测试时由人工通过指针在度盘上直接读值,摆值最小刻度为 2。

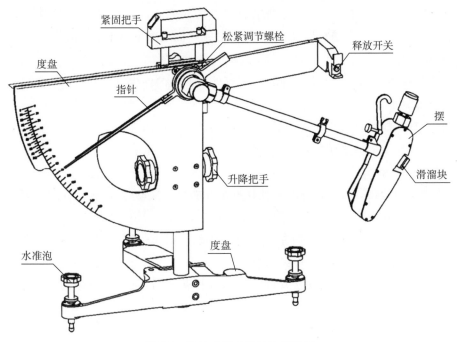

图 7-2 指针式摆式仪结构示意图

(2)橡胶片:尺寸为 6.35mm×25.4mm×76.2mm,橡胶质量应符合表 7-3 的要求。

当橡胶片使用后,端部在长度方向上磨耗超过 1.6mm 或边缘在宽度方向上磨耗超过 3.2mm,或有油类污染时,即应更换新橡胶片。新橡胶片应先在干燥路面上测试 10 次后再用于测试,橡胶片的有效使用期自出厂日期起算为 12 个月。

表 7-3 橡胶物理性质技术要求

性质指标	温度(℃)				
	0	10	20	30	40
回弹值(%)	43～49	58～65	66～73	71～77	74～79
硬度 HD	55±5				

(3) 滑动长度量尺:长度 126mm。

(4) 喷水壶。

(5) 路面温度计:分度不大于 1℃。

(6) 其他:毛刷或扫帚、记录表格等。

7.2.3 方法和步骤

1. 试验前准备工作

(1) 检查指针式摆式仪的调零灵敏情况,并定期进行滑块压力的标定。

(2) 按《公路路基路面现场测试规程》(JTG 3450—2019)中 T0902 规定的方法选择测试位置,每个测试位置布设 3 个测点,测点间距离为 3～5m,以中心测点的位置表示该测试位置。测试位置应选在车道横断面上轮迹处,且距路面边缘不应小于 1m。

2. 测试步骤

(1) 清洁路面。用扫帚或其他工具将测点处路面上的浮尘或附着物打扫干净。

(2) 仪器调平。

① 将指针式摆式仪置于路面测点上,并使摆的摆动方向与行车方向一致。

② 转动底座上的调平螺栓,使水准泡居中。

(3) 指针调零。

① 放松紧固旋钮,转动升降旋钮,使摆升高并能自由摆动,然后旋紧紧固旋钮。

② 将摆固定在右侧悬臂上,使摆处于水平位置,并把指针拨至右端与摆杆贴紧。

③ 右手按下释放开关,使摆向左带动指针摆动,当摆达到最高位置后刚开始下落时,用左手将摆杆接住,此时指针应指零。

④ 指针若不指零,通过转动松紧调节螺母进行调整后,重复①～③的步骤,直至指针指零,调零允许误差为±1。

(4) 校核滑动长度步骤如下。

① 让摆处于自然下垂状态,松开固定旋钮,转动升降旋钮使摆下降,并提起举升柄使摆向左侧移动,然后放下举升柄使橡胶片长边下缘轻轻触地,在边侧紧靠橡胶片摆放滑动长度量尺,使量尺左端对准橡胶片触地下缘;再提起举升柄使摆向右侧移动,然后放下举升柄使橡胶片下缘轻轻触地,检查橡胶片下缘是否与滑动长度量尺的右端齐平。若齐平,则说明橡胶片两次触地的距离(滑动长度)符合(126±1)mm 的要求。左右两次橡胶片长边边缘应以刚刚接触路面为准,不可借摆的力量向前滑动,以免标定的滑动长度

与实际不符。

② 橡胶片两次触地与量尺两端若不齐平,通过升高或降低摆或仪器底座的高度进行调整。微调时,也可用旋转仪器底座上的调平螺丝调整仪器底座高度的方法,但需注意保持水准泡居中。

③ 重复步骤①、②,直至滑动长度符合(126±1)mm 的要求。

(5) 将摆固定在右侧悬臂上,使摆处于水平位置,并把指针拨至右端靠紧摆杆。

(6) 用喷水壶浇洒测点处路面,使之处于湿润状态。

(7) 按下右侧悬臂上的释放开关,使摆在路面滑过,当摆杆回落时,用手接住摆杆并读数,但不做记录。

(8) 按照(5)~(7)的规定,重复操作 5 次,读记每次测试的摆值。5 个摆值中最大值与最小值的差值不得大于 3。如差值大于 3,应重复上述各项操作,直至符合规定为止。

(9) 在测点处用温度计测记潮湿路面温度,准确至 1℃。

(10) 重复(1)~(9),完成一个测试位置 3 个测点的摆值测试。

3. 数据处理

(1) 计算每个测点 5 个摆值的平均值作为该测点的摆值 BPNT,取整数。

(2) 进行摆值的温度修正。

当路面温度为 T(℃)时测得的摆值 BPN_T 应按式(7-2)换算成标准温度 20℃ 的摆值 BPN_{20}:

$$BPN_{20} = BPN_T + \Delta BPN \tag{7-2}$$

式中:BPN_{20}——换算成标准温度 20℃ 时的摆值;

BPN_T——路面温度 T 时测得的摆值;

ΔBPN——温度修正值按表 7-4 采用。

表 7-4 温度修正值

温度(℃)	0	5	10	15	20	25	30	35	40
温度修正值 ΔBPN	−6	−4	−3	−1	0	+2	+3	+5	+7

(3) 计算每个测试位置 3 个测点摆值的平均值作为该测试位置的摆值,取整数。

(4) 计算一个测试路段摆值的平均值、标准差、变异系数。

7.2.4 检测报告要求

本检测应报告以下技术内容。

(1) 测试路段信息(桩号、测试位置等)。

(2) 每个测试位置的摆值(3 个测点的平均值)。

(3) 测试路段摆值的平均值、标准差及变异系数。

本试验检测记录表可参考表 7-5。

表 7-5　路面摩擦系数试验检测记录表（摆式仪法）

工程部位/用途							委托/任务编号				
检测依据											
检测条件							检测日期				
主要仪器设备及编号											
结构层次							路面类型				
桩号	车道位置	测点位置	每次 BPN 测值					单点 BPN_T	路面温度(℃)	ΔBPN	BPN_{20}	BPN_{20} 平均值
			1	2	3	4	5					
平均值			标准差					变异系数(%)				
备注：												

检测：　　　　　复核：　　　　　日期：　　年　　月　　日

任务 7.3　沥青路面渗水系数检测

7.3.1　适用范围和技术要求

本方法适用于在路面现场测定沥青路面或室内测定沥青混合料试件的渗水系数。

根据《公路工程质量检验评定标准　第一册　土建工程》(JTG F80/1—2017)规定，

SMA 路面渗水系数≤120mL/min,其他沥青混凝土路面≤200mL/min,采用渗水试验仪,每 200m 测 1 处。

7.3.2 仪具与材料

(1) 路面渗水仪:形状及尺寸如图 7-3 所示。上部盛水量筒由透明有机玻璃制成,容积 600mL,上有刻度,在 100mL 及 500mL 处有粗标线,下方通过 ϕ10mm 的细管与底座相接,中间有一开关。量筒通过支架连接,底座下方开口内径 ϕ150mm,外径 ϕ220mm,仪器附不锈压重钢圈两个,每个质量约 5kg,内径 ϕ160mm。

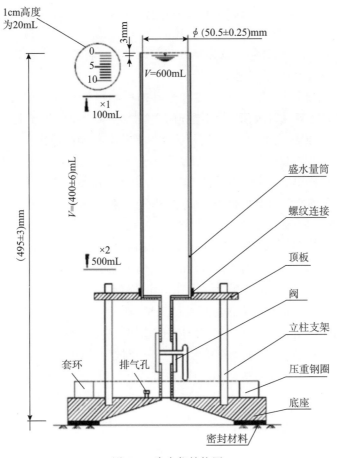

图 7-3 渗水仪结构图

(2) 套环:金属圆环,宽度 5mm,内径 145mm,主要防止密封材料被挤压进入测试面而导致渗水面积不一致。

(3) 水筒及大漏斗。

(4) 秒表。

(5) 密封材料:防水腻子、油灰或橡皮泥。

(6) 其他:水、粉笔、塑料圈、刮刀、扫帚等。

7.3.3 方法和步骤

1. 试验前准备工作

(1) 每个测试位置,按照《公路路基路面现场测试规程》(JTG 3450—2019)附录 A 规定的方法,随机选择 3 个测点,并用粉笔画上测试标记。

视频二维码:
沥青路面渗水

(2) 试验前,首先用扫帚清扫表面,并用刷子将路面表面的杂物刷去。

(3) 新建沥青路面的渗水试验宜在沥青路面碾压成型后 12h 内完成。

2. 测试步骤

(1) 将塑料圈置于路面的测点上,用粉笔分别沿塑料圈的内侧和外侧画上圈,在外环和内环之间的部分就是需要用密封材料进行密封的区域。

(2) 用密封材料对环状密封区域进行密封处理,注意不要使密封材料进入内圈,如果密封材料不小心进入内圈,必须用刮刀将其刮走。然后再将搓成拇指粗细的条状密封材料摆在环状密封区域的中央,并且摆成一圈。

(3) 将套环放在路面的测点上,注意使套环的中心尽量和圆环中心重合,然后略微使劲将套环压在条状密封材料表面;采用同样的方法将渗水仪放在套环上、对中,施加压力将渗水仪压在套环上,再将配重加上,以防压力水从底座与路面间流出。

(4) 将开关及排气孔关闭,向量筒中注水超过 100mL 刻度,然后打开开关和排气孔,使量筒中的水下流排出渗水仪底部内的空气,当量筒中水面下降速度变慢时,用双手轻压渗水仪使渗水仪底部的气泡全部排出,当水自排气孔顺畅排出时,关闭开关和排气孔,并再次向量筒中注水至 100mL 刻度。

(5) 将开关打开,待水面下降至 100mL 刻度时,立即开动秒表开始计时,计时 3min 后立即记录水量,结束试验;当计时不到 3min 水面已下降至 500mL 时,立即记录水面下降至 500mL 时的时间,结束试验。当开关打开后 3min 时间内水面无法下降至 500mL 刻度时,则开动秒表计时,测试 3min 内渗水量即可结束试验。

(6) 测试过程中,如水从底座与密封材料间渗出,则底座与路面间密封不好,此试验结果为无效。关闭开关,采用密封材料补充密封,重新按(4)、(5)测试。如果仍然有水渗出,应在同一纵向位置沿宽度方向就近选择位置,重新按照(1)~(5)测试。

(7) 测试过程中,如水从外环圈以外路面中渗出,可以人工将密封材料在外环圈之外 5cm 宽度范围内再次进行密封处理,重新按(4)、(5)测试,只要密封范围内无水渗出,则认为试验结果为有效。

(8) 重复(1)~(7)的步骤,测试 3 个测点的渗水系数。

3. 数据处理

(1) 按式(7-3)计算渗水系数,准确至 0.1mL/min。

$$C_w = \frac{V_2 - V_1}{t_2 - t_1} \times 60 \tag{7-3}$$

式中:C_w——渗水系数(mL/min);

V_1——第一次计时时的水量(mL);

V_2——第二次计时时的水量(mL);

t_1——第一次计时的时间(s);

t_2——第二次计时的时间(s)。

(2) 以3个测点渗水系数的平均值作为该测试位置的结果,准确至1mL/min。

7.3.4 检测报告要求

本检测应报告以下技术内容。

(1) 测试位置信息(桩号、路面类型等)。

(2) 测试位置的渗水系数(3个测点的平均值)。

本试验检测记录表可参考表7-6。

表7-6 沥青路面渗水系数试验检测记录表

试验室名称：　　　　　　　　　记录编号：

工程部位/用途				委托/任务编号				
检测依据								
检测条件				检测日期				
主要仪器设备及编号								
结构层次				路面类型				
桩号	位置	第一次读数时的水量 V_1 (mL)	第二次读数时的水量 V_2 (mL)	第一次读数时的时间 t_1 (s)	第二次读数时的时间 t_2 (s)	渗水系数 C_w (mL/min)	路段渗水系数平均值 C_w (mL/min)	
备注：								

检测：　　　　　复核：　　　　　日期：　年　月　日

知识拓展5　车载式激光构造深度仪测定路面构造深度

复习思考题

一、单项选择题

1. 摆式仪测定路面摩擦系数过程中,下面不正确的做法是(　　)。
   A. 将仪器置于路面轮迹带测点上,并使摆的摆动方向与行车方向一致
   B. 校准滑动长度,使符合126mm 的规定
   C. 用喷水壶浇洒测点,使路面处于湿润状态
   D. 每个测点测定 3 个值,每个测点由 5 个单点组成,以 5 次测定结果的平均值作为该测点的代表值

2. 摆式仪测定路面摩擦系数时,摆在路面上滑动长度为(　　)。
   A. (130±1)mm　　　　　　　　B. (128±1)mm
   C. (126±1)mm　　　　　　　　D. (127±1)mm

3. 摆式仪测试路面摩擦系数,当路面温度为(　　)℃时,测值可以不进行温度修正。
   A. 13　　　　B. 20　　　　C. 26　　　　D. 32

4. 以下关于铺砂法测试路面构造深度的描述,正确的试验顺序为(　　)。
   ①同一处平行测试不少于 3 次,测点间距 3～5m。②用小铲向圆筒中缓慢注入准备好的量砂至高出量筒成尖顶状,手提圆筒上部,用钢尺轻轻叩打圆筒中部 3 次,并用刮尺边沿筒口一次刮平。③用扫帚或毛刷将测点附近的路面清扫干净,面积不少于 30cm×30cm。④用钢板尺测量所构成圆的两个垂直方向的直径,取其平均值,准确至 1mm。也可用专用尺直接测量构造深度。⑤将砂倒在路面上,用推平板由里向外重复做摊铺运动,稍稍用力将砂向外均匀摊开,使砂填入路表面的空隙中,尽可能将砂摊成圆形,并不得在表面上留有浮动余砂。
   A. ③②④⑤①　　　　　　　　B. ③②⑤④①
   C. ②③⑤④①　　　　　　　　D. ②③④⑤①

5. 路面渗水试验测试过程中,如果水面下降较慢,则(　　)。
   A. 测定 3min 的渗水量即可停止　　B. 必须等渗水到 500mL 刻度线才可停止
   C. 渗水至不再出水方可　　　　　　D. 以上都不对

6. 新建沥青路面的渗水试验宜在沥青路面碾压成型后(　　)h 内完成。
   A. 2　　　　B. 6　　　　C. 12　　　　D. 24

7. 路面渗水试验是以 3 个测点试验结果的(　　)作为该测试位置的结果。
   A. 最小值　　　B. 最大值　　　C. 中值　　　D. 平均值

二、多项选择题

1. 路面抗滑性能的指标有(　　)。
   A. 最大间隙　　B. 摆值　　　C. 构造深度　　　D. 横向力系数
2. 影响手工铺砂法测定路面表面构造深度结果的因素有(　　)。
   A. 摊平板的直径　　　　　　B. 装砂的密度
   C. 量砂筒的容积　　　　　　D. 摊平砂的圆形直径
3. 以下关于手工铺砂法测定路面构造深度的步骤描述正确的有(　　)。
   A. 试验前需要做量砂的准备,洁净的细砂晾干过筛,取 0.15～0.50mm 的砂置于适当的容器中备用
   B. 用小铲向圆筒中缓缓注入准备好的量砂至高出量船成尖顶状,手提圆筒上部,用钢尺轻轻叩打圆筒中部 3 次,并用刮尺边沿筒口一次刮平
   C. 用钢板尺测量所构成圆的两个垂直方向的直径,取其平均值,准确至 1mm
   D. 同一处平行测试不少于 2 次,测点均位于轮迹带上,测点间距 3～5m
4. 沥青路面渗水试验测试时,正确的做法是(　　)。
   A. 向量筒中注水 600mL
   B. 每间隔 60s,读计仪器管的刻度一次
   C. 水面下降速度较快时,至水面下降至 500mL 刻度时停止试验
   D. 每个检测路段测定 5 个测点,计算平均值作为检测结果

三、判断题

1. 摆式仪测量路面摩擦系数时,测值需要换算成标准温度 25℃的摆值。(　　)
2. 摆式仪测试过程中发现橡胶片磨损过度,更换新橡胶片后即可进行测试评价。(　　)
3. 摆式仪测试路面摩擦系数,当空气温度为 20℃时,测试结果不进行温度修正。(　　)
4. 摆值是摆式摩擦系数测定仪测试路面在潮湿条件下的路面摩擦系数表征值,简称 BPN。(　　)
5. 铺砂法测试路面构造深度后收集回的量砂必须经晾干过筛后方可以继续使用。(　　)
6. 新建沥青路面表层的渗水系数不应在路面成型后立即测定。(　　)
7. 渗水系数是指在单位时间内渗入路面规定面积的水的体积,以 mL/s 计。(　　)

四、综合题

1. 对某双向八车道高速公路沥青路面工程质量进行检验评定时,采用手工铺砂法测路面的构造深度。针对该试验请回答以下问题。

   (1) 选择测点的正确做法是(　　)。
   A. 对测试路段每 200m 测 1 处
   B. 对测试路段按随机取样选点的方法,决定测点所在横断面位置
   C. 测点应选在行车道的轮迹带上
   D. 同一处测 3 个测点,以中间测点表示该处的测定位置

（2）对所用量砂的要求是（　　）。
A. 干燥、洁净、匀质　　　　　　B. 中砂
C. 只能在路面上使用一次　　　　D. 回收砂可直接使用

（3）往量砂筒中装砂的正确做法是（　　）。
A. 用小铲沿筒壁向圆筒中装砂　　B. 直接用量砂筒装砂
C. 用力填压，振动密实　　　　　D. 使砂密实后，补足砂面，用钢尺一次刮平

（4）铺砂的正确操作方法是（　　）。
A. 将量砂筒中的砂倒在路面上　　B. 用推平板由里向外重复旋转摊铺
C. 用力将砂往外推挤　　　　　　D. 尽可能将砂摊成圆形

（5）影响路面表面构造深度测定结果的因素有（　　）。
A. 摊平板的直径　　　　　　　　B. 装砂与铺砂的紧密程度
C. 倒在路面上的砂的体积　　　　D. 摊平砂的面积

2. 某普通公路交工验收，路面为沥青混凝土。试验人员用摆式摩擦系数仪测定路面摩擦系数，请依据上述条件完成下面题目。

（1）摆式摩擦系数仪测量值的单位是（　　）。
A. BPN　　　B. 无量纲　　　C. N　　　D. MPa

（2）温度对摆式摩擦系数仪的测值有影响，当现场测量喷水后的路面温度为6℃时，测量值与修正后的结果相比（　　）。
A. 测量值小　　　　　　　　　　B. 测量值大
C. 测量值与修正后的结果相等　　D. 不好说

（3）针对这条路的交工验收工作，路面摩擦系数的检查频率是（　　）。
A. 每100m测1处　　　　　　　　B. 每100m测2处
C. 每200m测1处　　　　　　　　D. 每200m测2处

（4）测量过程中，每一个点测（　　）次，测量值的最大值与最小值的差值不超过（　　）。
A. 5,2　　　B. 3,2　　　C. 5,3　　　D. 3,3

（5）以下属于摆式摩擦系数仪测定路面摩擦系数的步骤有（　　）。
A. 安放挡风板　　　　　　　　　B. 仪器调平
C. 校核滑动长度　　　　　　　　D. 向路面喷水并测量

3. 某新建高速公路交工验收，沥青混凝土路面采用横向力系数测试车检测，已知该路面的抗滑设计标准SFC＝49，测值：45、55、53、42、49、50、61、56、50、52。针对本项目回答以下问题。（已知保证率95%时，$t_a/\sqrt{n}=0.580$）

（1）下列关于检测过程描述正确的有（　　）。
A. 检测前需要对路面进行清扫
B. 检查测试轮胎，调整气压至0.3MPa
C. 检测时测试速度可以采用60km/h
D. 检测过程中沿正常行车轮迹行驶

（2）关于横向力系数描述正确的有（　　）。
A. 与摆式仪测量的摆值一样，用于评价路面抗滑性能

B. 横向力系数测试车的检测速度越快,检测结果越大

C. 交工验收时,以测试车速 50km/h 的检测结果作为评定数据

D. 交工验收时,检测了摩擦系数就不用检测构造深度了

(3) 下面关于检测结果受温度影响的说法中正确的是( )。

A. 横向力系数检测结果不需要进行温度修正

B. 路面温度越高,检测结果越小

C. 空气温度 20℃ 时结果不修正

D. 路面温度超过 55℃ 时,检测结果无效

4. 某在建公路工程,路面为 AC-16 沥青混凝土路面。检测人员计划开展现场渗水试验,请根据相关规程完成下面题目。

(1) 下面关于新建沥青混凝土路面渗水系数试验的描述正确的有( )。

A. 渗水系数应在路面铺筑成型后未遭行车污染的情况下检测

B. 渗水试验宜在沥青路面碾压成型后 12h 内完成

C. 渗水试验在工程交工验收前完成即可

D. 渗水试验在工程竣工验收前完成即可

(2) 根据《公路沥青路面施工技术规范》(JTG F40—2004),以下关于渗水系数在频率和检验评价描述正确的有( )。

A. 每 1km 按照随机取样的方法不少于 3 点

B. 每 1km 按照随机取样的方法不少于 5 点

C. 每点测 3 处,以平均值评价该点渗水性能

D. 每点测 2 处,以平均值评价该点渗水性能

(3) 以下属于渗水试验需要用到的器具有( )。

A. 路面渗水仪　　B. 秒表　　C. 温度计　　D. 气压计

(4) 以下描述中属于渗水试验步骤的有( )。

A. 用密封材料对环状密封区域进行密封处理,注意不要使密封材料进入内圈

B. 向量筒中注水超过 100mL 刻度,然后打开开关和排气孔,使量筒中的水下流排出渗水仪底部内的空气

C. 打开开关,待水面下降至 100mL 刻度时,立即开动秒表开始计时,计时 3min 后立即记录水量

D. 记录路面温度及气压计读数

(5) 渗水系数的单位是( )。

A. mL/s　　B. L/s　　C. mL/min　　D. L/min

项目 8 基桩成孔质量检测

项目描述

目前,我国常用的灌注桩施工有钻孔、冲击成孔、冲抓成孔和人工挖孔等方法。人工挖孔为干作业施工,成孔后孔壁的形状、孔深、垂直度、孔底沉渣及钢筋笼的安放位置等可通过目测或人下到孔内进行检查,质量较容易控制。钻孔、冲击成孔和冲抓成孔等湿作业施工的灌注桩,通常孔内充满泥浆,需用泥浆护壁。由于地下施工,加上复杂的地质条件或施工操作不当,泥浆原料膨润土的性能较差,泥浆外加剂纯碱、氢氧化钠或膨润土粉末等掺入量不合适,调制出的泥浆性能指标不符合要求等原因,会导致钻孔过程中塌孔、扩径、缩颈、夹泥、孔底沉淀过厚等桩身缺陷,这些缺陷需要用仪器设备去检测。

桩径是保证基桩承载力的关键因素,要保证桩径满足设计要求,其孔径不得小于设计要求。基桩垂直度的偏差程度是衡量基桩承载力能否有效发挥作用的关键因素。孔底沉淀厚度会极大地影响桩端承载力的发挥。可见,成孔质量的好坏直接影响钻孔灌注桩混凝土浇筑后的成桩质量。因此,要在钻孔施工中对泥浆进行各种性能指标测定,以确保钻孔的顺利进行。在成孔后,灌注混凝土前应进行成孔质量检测,实际上,成孔检测有时比成桩检测还重要,因为成孔质量有问题,在成桩后是很难处理的,因此,应对成孔检测予以充分的重视。

教学目标

1. 知识目标

(1)掌握泥浆性能指标的检测方法。
(2)掌握桩基础成孔质量检验方法。

2. 能力目标

(1)能进行泥浆性能三大指标的检测。
(2)能进行桩基成孔质量的评价。

任务 8.1 泥浆性能指标检测

灌注桩施工会用到一种常用的护壁材料——泥浆。

泥浆由水、黏土(膨润土)和添加剂,按适当配合比配制而成。其具有浮悬钻渣、清孔、冷却钻头、润滑钻具、增大静水压力、隔断孔内外渗流、在孔壁形成泥皮、防止坍孔的作用。

泥浆性能直接影响钻进效率和生产安全。

根据《公路桥涵施工技术规范》(JTG/T 3650—2020),泥浆的性能指标见表 8-1。其中相对密度(泥浆比重)、黏度、含砂率(含砂量)是桩基的泥浆性能三大指标。

表 8-1　泥浆性能指标

钻孔方法	地层情况	泥浆性能指标							
		相对密度	黏度(Pa·s)	含砂率(%)	胶体率(%)	失水率(mL/30min)	泥皮厚(mm/30min)	静切力(Pa)	酸碱度pH
正循环	一般地层	1.05~1.20	16~22	9~4	≥96	≤25	≤2	1.0~2.5	8~10
	易坍地层	1.20~1.45	19~28	9~4	≥96	≤15	≤2	3.0~5.0	8~10
反循环	一般地层	1.02~1.06	16~20	≤4	≥95	≤20	≤3	1.0~2.5	8~10
	易坍地层	1.06~1.10	18~28	≤4	≥95	≤20	≤3	1.0~2.5	8~10
	卵石土	1.10~1.15	20~35	≤4	≥95	≤20	≤3	1.0~2.5	8~10
旋挖	一般地层	1.02~1.10	18~22	≤4	≥95	≤20	≤3	1.0~2.5	8~11
冲击	易坍地层	1.20~1.40	22~30	≤4	≥95	≤20	≤3	3.0~5.0	8~11

注:1. 地下水位高或其流速较大时,指标取高限,反之取低限。
　　2. 地质状态较好,孔径或孔深较小的取低限,反之取高限。

8.1.1　任务准备

(1)在做泥浆性能指标检测试验前,应先熟悉试验仪器(泥浆 3 件套测试仪)和试验规程,准备数据记录手簿,做好技术交底工作。

(2)根据规范要求,钻孔过程中应随时对孔内泥浆的性能进行检测,不符合要求时应及时调整。泥浆性能指标检测试验应伴随钻孔施工同时进行。清孔后的泥浆指标,一般指从桩孔的顶、中、底部分别取样检测的平均值。

(3)清孔后,泥浆的相对密度宜控制在 1.03~1.10,对冲击成孔的桩可适当提高,但不宜超过 1.15,黏度宜为 17~20Pa·s,含砂率宜小于 2%,胶体率宜大于 98%。

(4)如用于教学实训,无法取用施工现场泥浆,试验前应先制备教学用泥浆。用实验室小型搅拌机将清水和黏土充分搅拌并过滤待用,试验前还应进行二次搅拌。

8.1.2　泥浆相对密度的测定

1. 相对密度试验仪器

泥浆相对密度计又称泥浆比重计,是测定泥浆相对密度的主要仪器。其构造组成如图 8-1 所示。

(1)泥浆杯:配有杯盖,盛放泥浆的容器,容积 140cm³。
(2)水准泡:用于观察杠杆的水平。
(3)底座:仪器的底座。
(4)挡臂:限制杠杆活动。

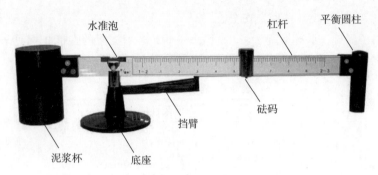

图 8-1 泥浆比重计

(5) 砝码:横向移动调节杠杆水平,并读数。

(6) 杠杆:仪器的计量读数系统,测量精度为 0.01g/cm³,测量范围为 0.96~3.00g/cm³。

(7) 平衡圆柱:配有平衡重锤,仪器生产、标定、检定时,通过加入或取出平衡圆柱内的平衡铅使杠杆平衡。加入平衡重锤可放大杠杆上标定的读数值,不放平衡重锤读 0.96~2.00g/cm³,放平衡重锤读 1.96~3.00g/cm³。

2. 相对密度试验操作规程

(1) 将泥浆试样搅拌均匀,注入泥浆杯内,齐平杯口,略有溢出,将杯盖轻轻盖上,多余溢出的泥浆擦拭干净。

(2) 安装杠杆,把杠杆的主刀口放到底座的主刀垫上。

(3) 缓缓移动砝码,当水泡居中时,杠杆呈水平状态。

(4) 砝码左侧所示刻度即为泥浆相对密度(比重)。这时读数时每小格为 0.01,杠杆标尺上"1-2"认准"1"。

(5) 如砝码滑至最右侧仍无法平衡,即待测泥浆比重超过 2g/cm³ 时,将平衡圆柱盖旋开,放入平衡重锤,旋上盖子,重新滑动砝码至平衡。这时读数认准杠杆标尺上"1-2"的"2"。

(6) 仪器使用后应冲洗并擦拭干净。

8.1.3 泥浆黏度测定

1. 泥浆黏度试验仪器

泥浆黏度试验仪器有泥浆黏度计、量筒、量杯、筛网等。如图 8-2 所示。

(1) 泥浆黏度计:漏斗状容器,在末端有一个 ϕ5mm,长 100mm 的流出管。

(2) 量筒:中间有隔层的量筒,可以正反颠使用,一端容积 500mL,另一端容积 200mL。

(3) 筛网:过滤泥浆。

(4) 量杯:装泥浆容器。

(5) 计时器:秒表或其他计时器,精度不低于 0.1s。

2. 泥浆黏度试验操作规程

(1) 将量杯中的泥浆试样搅拌均匀。

(2) 一个试验员竖直拿稳泥浆黏度计,将筛网放置在黏度计顶端漏斗口,流出口用手指堵住。

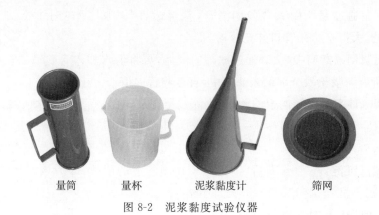

| 量筒 | 量杯 | 泥浆黏度计 | 筛网 |

图 8-2 泥浆黏度试验仪器

(3) 另一个试验员将泥浆注入量筒 500mL 侧,全部倒入黏度计;将量筒反过来,再次将泥浆注入量筒 200mL 侧,全部倒入黏度计。

注意:量筒正反各一次,共 700mL 泥浆倒入黏度计。

(4) 将量筒 500mL 侧向上,黏度计流出口对准量筒;放开堵住流出口手指的同时开动计时器,待泥浆流满 500mL 量筒,达到边缘时停表,记下泥浆流出的时间,就是泥浆的黏度值。

(5) 黏度计的标定:将泥浆换成清水,用清水重复上述试验步骤,正常水的黏度值为 (15 ± 0.5)s,在这个范围内的黏度计符合规范要求。

(6) 仪器使用后应冲洗擦拭干净。

8.1.4 泥浆含砂率测定

1. 泥浆含砂率试验仪器

泥浆含砂率测定仪有含砂率(含砂量)测管、滤筒、漏斗等。如图 8-3 所示。

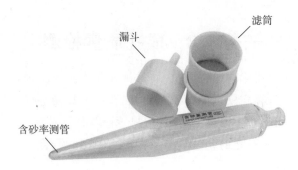

图 8-3 泥浆含砂率测定仪

(1) 含砂率测管:带有百分数刻度的玻璃管。
(2) 滤筒:装有 200 目筛网的滤筒,过滤泥浆。
(3) 漏斗:向测管内注入泥浆和水。

2. 泥浆含砂率试验操作规程

(1) 将量杯中的泥浆试样搅拌均匀。

(2)把泥浆通过漏斗倒入含砂率测管,直至标有"泥浆"字样刻线处,加清水至标有"水"的刻线处,大拇指堵死管口并充分摇匀。

(3)将泥浆倒入滤筒中,丢弃通过滤筛的液体,再将清水加入含砂率测管中摇振,使含砂率测管中所有泥浆土砂全部倒入滤筒中,直至测管内清洁为止。

(4)用清水冲洗滤筒筛网上的砂子,剔除残留泥浆,直至流下来的水清澈为止。

(5)把漏斗套进滤筒装有砂子一侧,并把漏斗嘴插入测管口;用清水把附在筛网上的砂子全部冲入管内。

(6)待砂子沉淀 5～10min 后,读出砂子在测管上的读数,即为该泥浆的含砂率。注意:15%以下每小格 0.5%,15%～30%每小格 1%。

(7)仪器使用后应冲洗擦拭干净。

本试验检测记录表可参考表 8-2。

表 8-2 泥浆性能指标检测记录表(样表)

工程名称:　　　　　　　　　　试验编号:
依据规范:　　　　　　　　　　施工桩号:
试验人员:　　　　　　　　　　试验时间:

检测项目	泥浆性能指标						
	相对密度	黏度 (Pa·s)	含砂率 (%)	胶体率 (%)	失水率 (mL/30min)	泥皮厚 (mm/30min)	静切力 (Pa)	酸碱度 pH
规定值								
实测值								
结论								

任务 8.2　成孔质量检测

灌注桩的成孔质量直接影响成桩质量,而且桩孔作为隐蔽工程,一旦出现成孔质量问题,在成桩后很难处理,且存在安全隐患。因此,成孔质量检测是保证桩孔质量,甚至成桩质量的基础;同时也是指导水下混凝土灌注,控制导管埋深的依据。

灌注桩在终孔后,应对桩孔的孔位、孔径、孔形、孔深和倾斜度进行检验;清孔后,应对孔底的沉淀厚度进行检验。

成孔质量检测方法可分为传统方法、接触式成孔检测法和超声波成孔检测法。传统方法仪器设备简单,作业粗放,虽然存在检测精度较低的问题,但依然在很多桩基工程中使用。后两种方法需使用专用仪器进行成孔检测,特别是超声波成孔检测仪已经得到广泛应用。本书主要介绍传统方法和超声波成孔检测法。

灌注桩成孔的质量标准应符合现行《公路工程质量检验评定标准　第一册　土建工程》(JTG F80/1—2017)的规定,见表 8-3。

表 8-3 灌注桩成孔质量检测要求

项次	检查项目		规定值或允许偏差	检查方法和频率
1	混凝土强度(MPa)		在合格标准内	《混凝土强度检验评定标准》(GB/T 50107—2010)
2	桩位(mm)	群桩	≤100	全站仪,每桩测中心坐标
		排架桩	≤50	
3	孔深(m)		≥设计值	测绳,每桩测量
4	孔径(mm)		≥设计值	探孔器或超声波法成孔检测仪,每桩测量
5	钻孔倾斜度(mm)	钻孔	≤1%S,或≤500	钻杆垂线法或超声波法成孔检测仪,每桩测量
		挖孔	≤0.5%S,或≤200	
6	沉淀厚度(mm)		满足设计要求	沉淀盒或测渣仪,每桩测量
7	桩身完整性		每桩均满足设计要求;设计未要求时,每桩不低于Ⅱ类	满足设计要求;设计未要求时,采用低应变反射波法或超声波透射法,每桩测量

注:S 为桩长,计算规定值或允许偏差时以 mm 计。

8.2.1 任务准备

(1)由于成孔质量检测涉及的内容多、试验方法多、设备复杂,因此,要做好技术交底工作,在此基础上熟悉试验仪器、设备和试验规程,对仪器、设备进行校核和标定,准备数据记录手簿。

(2)钻孔施工对工序衔接要求较高,而且又是隐蔽工程,为了防止长时间等待造成的坍孔、沉渣变厚等事故,各部门应做好协调工作,检测人员应与施工单位紧凑衔接。

(3)现场恢复桩位的引桩或护筒上的标记要随时校核、调整,保证施工或检测的桩位中心定位准确。

(4)成孔检测过程中,操作人员应注意高空坠落和重物打击等安全性事故隐患,桩孔一定要有妥善措施进行覆盖,防止人员或设备坠落孔内。

8.2.2 桩位检测

1. 方法

桩位检测采用全站仪法,用全站仪测定成孔中心的实测坐标,并与该桩的设计坐标进行偏差对比。

2. 操作流程

【案例 8-1】 表 8-4 为某工程钻孔桩桩位检测记录数据,下面通过该案例讲解全站仪法进行桩位检测的操作流程。

表 8-4 钻孔桩护筒、孔位检查表

施工单位				工程名称				
桩位	1~18#桩			桩径(cm)		150	检查日期	
施工水位(m)				施工控制水位(m)			实测水位(m)	
护筒类型	钢护筒			直径:170cm		护筒顶标高:453.080m		埋深:2m
中心位置(mm)	X	设计	18958.658	实测	18958.656	偏差	允许值:50mm	
							实测值:2mm	
	Y	设计	31846.181	实测	31846.180	偏差	允许值:50mm	
							实测值:1mm	
中心地面高程(m)	设计			实测		偏差		
钻机类型/编号	八寸反循环钻机			钻头尺寸(cm)			150	
护筒底面地质情况	素填土:黄褐色以黏性土为主			护筒处理形式		挖坑埋设,底部和四周用黏土夯实		
控制桩位置及坐标图示	(1~18#桩, BM4, BM2 示意图)							
备注								
施工单位意见:符合设计及《公路工程质量检验评定标准 第一册 土建工程》(JTG F80/1—2017)的要求。 签名: 年 月 日								
检查		复核			质检			
监理意见: 签名: 年 月 日								

(1) 在钻孔桩施工中,分4次测定桩位,分别为开孔前、埋护筒后、钻进5~10m、终孔后下筐前。终孔后要进行终孔测量检查,重新标定孔位中心。注意:此时因实际桩位受施工中各种因素的影响会偏离原设计桩位,所以不能直接通过引桩恢复中心位置。

(2) 将全站仪架设到测站点(表中 BM4),对中、整平、输入测站点坐标数据;已知坐标的控制点或导线点(表中 BM2),输入后视点坐标数据;在前视桩位成孔中心,读取坐标 X、Y 数据;做好测量复核工作;将实测成桩中心位置 X、Y 数据填入检查表对应位置。见表 8-4 中"控制桩位置及坐标图示"。

(3) 填表并进行数据分析。将孔位中心实测值和设计值做对比,要求差值符合表 8-3 项次 2,即规范要求。本例,按排架桩要求,偏差≤50mm,实测偏差:X、Y 分别为 2mm、1mm,结论:符合设计及规范要求。

8.2.3 孔深检测

1. 方法

孔深检测传统方法是采用测绳法量测。

2. 仪器及操作流程

(1) 测绳法测孔深目前没有统一的仪器,有些施工单位用专用测绳和自制测锤自制测绳;有些施工单位购买测量水深的标准测深锤。图8-4为某工程自制测锤的示意图。该测试锤底部为100mm×100mm、厚25mm的钢板(推荐采用圆形),中部用钢筋焊接成锥体,高150mm,总重量在1kg以上,顶部连接的专用测绳采用金属材质,最大量程不小于孔深的1.2倍,最小刻度不大于10mm。

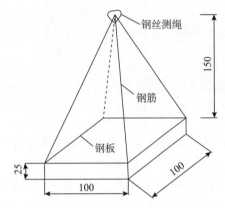

图8-4 某工程自制测锤示意图

(2) 成孔清孔完毕,待孔内泥浆气泡基本消散后,由专人操作绞盘,将测绳放入孔口,距孔壁100~200mm,保持测绳垂直,缓慢沉入孔内。待测绳接近孔深时减慢速度,体会测锤在泥浆中下行的手感,接触孔底时,轻轻拉起测锤再放下,从而判断孔底位置,读出测绳上的读数。按照同样方法,改变孔壁位置,重做3组以上试验,取最小值为测量孔深。根据规范要求,测绳检测实际孔深≥设计值即为合格。

注意:

① 通过测量钻杆长度确定孔深存在钻杆倾斜度、钻头形状、钻杆间隙累加等问题,所以只能用于成孔中预估深度,然后用测绳量测。

② 由于孔底沉渣的不稳定性,用测绳量测孔深的精度受检测员的手感及检测时机影响较大。

8.2.4 孔径检测

1. 方法

孔径检测传统方法是采用探孔器进行检测。

2. 仪器及操作流程

(1) 探孔器目前没有统一的仪器,多为施工方自制,一般用钢筋制作成笼状,其长度为桩径的 4～6 倍。图 8-5 为某工程自制探孔器的示意图。该工程桩径为 1.5m，探孔器采用 ϕ20mm 钢筋制作，包括 3 道箍筋和 15 道纵筋。探孔器成型之后外径为桩基设计孔径 1.50m，长度为 6m。

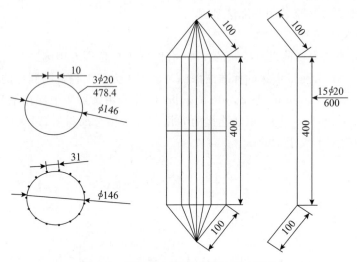

图 8-5 某工程自制笼式探孔器示意图

加工制作探孔器及探孔时应注意使探孔器的重心受力线与探孔器中心线重合，探孔器下部可配重，以保证探孔时探孔器能竖直进入。

（2）探孔是在桩孔成孔后，下钢筋笼前进行的。检测时，将探孔器吊起，使探孔器的中心、孔的中心与起吊钢绳保持一致，慢慢放入孔内，上下畅通无阻表明孔径符合设计要求。若途中遇阻则有可能在遇阻部位有缩孔和斜孔现象，应采取措施予以消除。根据规范要求，实际孔径≥设计值，即探孔器从上到下能顺利通过即为合格。

8.2.5 倾斜度检测

1. 方法

倾斜度检测传统方法是采用钻杆垂线法。

2. 仪器及操作流程

规范推荐：采用钻杆垂线法量测桩孔的倾斜度时，量测应从钻孔平台顶面开始至孔底。将带有钻头的钻杆放入孔内封底，在孔口处的钻杆上装一个与孔径或护筒内径一致的导向环，使钻杆保持在桩孔中心线位置。随后采用带有扶正圈的钻孔测斜仪对钻杆进行分点测斜，并将测得的各点数值在坐标仪上描点作图，即求得桩孔的偏斜值。

但在实际桩基施工中用这种方法测桩孔的倾斜度存在一定的困难，导致该指标在施工中很容易被忽略。可以采用测孔径的探孔器，同时检查桩孔倾斜度。将探孔器顶端对中，用钢丝绳绑牢固，钢丝绳旁边垂一根 1m 测绳。利用吊车或钻机将探孔器吊起，缓慢垂直落入孔中，每下降 1m 量测钢丝绳对应测绳的偏位数据；以此类推将孔深内每段偏位数据累加，即可测算出探孔器下降的偏位数据，从而计算出整个孔深范围的倾斜度。

根据规范要求，钻孔桩成孔倾斜度≤1%×桩长，且≤500mm；挖孔桩成孔倾斜度≤

0.5‰×桩长,且≤200mm。

注意:目前很多工程在评价倾斜度时用的单位还是‰,约定俗成倾斜度标准就成为1‰,理论上说这是不准确的。

8.2.6 孔底沉淀厚度检测

孔底沉淀是指基桩成孔后,淤积于桩孔底部的非原状物(破碎岩土),有些地方也称为沉渣。孔底沉淀厚度会影响基桩的承载能力和完整性。

1. 方法

孔底沉淀厚度测定应在灌注水下混凝土前进行。对于沉淀厚度的检测方法,目前规范尚无统一规定,一般有以下几种。

(1) 测绳检测。可用"比较孔深"的方法测定沉淀厚度。该法采用钻进深度减实测成孔深度(见 8.2.3 孔深检测)作为沉淀厚度值。但实际施工中由于存在钻进深度的精确取值问题,所以该方法的误差较大。第一次孔深为清孔后(用正循环将孔底沉淀吹起)用测绳法测出的孔深,该孔深为孔底无沉淀的孔深;第二次孔深为沉淀 5~10min 后测得的孔深,该孔深为孔底沉淀稳定的孔深。两次测得孔深之差即为沉淀厚度。

(2) 取样盒检测。在清孔结束后将取样盒(开口铁盒)吊到孔底,待混凝土灌注前取出,测量沉淀在盒内的渣土厚度。

(3) 沉渣检测仪检测。在一些大型、重点工程中采用专用仪器——沉渣检测仪进行检测。

2. 规范中对沉淀厚度的要求

沉淀厚度的测量不应小于 2 次,取两次平均值作为最终检测结果。

孔底沉淀厚度应不大于设计的规定;设计未规定时,对桩径小于或等于 1.5m 的摩擦桩宜不大于 200mm,对桩径大于 1.5m 或桩长大于 40m 以及土质较差的摩擦桩宜不大于300mm,对支承桩宜不大于 50mm。

8.2.7 超声波成孔检测

1. 超声波成孔检测仪

采用传统方法进行成孔质量检测存在操作差异性大、耗时长、精度差等问题,很难精确测定扩径、缩径、倾斜度等参数。目前成孔检测采用超声波成孔检测仪已经非常普遍,它可以更直观、更可靠、更精确地反映出孔壁变化的情况。高速公路、一级公路中的大桥、特大桥宜优先选用。

超声波成孔检测仪大致包含探头、主机和绞车等几个部分,如图 8-6 所示。现场检测时,利用绞车将探头放入孔内,探头沿钻孔中心线下降过程中发射超声波,超声波脉冲穿过泥浆及钻孔侧壁后部分被反射回来并被接收器所接收,再转换成电信号输往主机。根据反射信号的强弱和反射时间差,探测孔壁剖面,在显示器上实时显示出孔壁曲线。根据图像或专用软件可对成孔质量进行直观、准确的判断。

图 8-6　超声波成孔检测仪实物图

2. 超声波成孔检测仪检测方法

（1）设备的安装。测量应在清孔完成后且孔中泥浆气泡基本消散后进行。在护筒的顶部放置一个横跨整个桩孔的底板，把绞车放在底板的上面，检测过程中应保持仪器位置固定，如图 8-7 所示。在安装的过程中用孔口 4 个护桩的位置定位探头位置，确保探头定位在成孔的中心，偏差值不宜大于 10mm。

图 8-7　超声波成孔检测施工现场

（2）设备连接、调试。将设备的电缆按照正确顺序进行连接，检测开始前设定仪器参数、检查自动记录仪与探头的同步关系。

（3）每一个孔在正式进行测试之前，都要选择 10m 的深度进行初步测试。通过初步测试可以发现各项参数在设置时是不是符合要求，不符合标准应立即进行调整，测试结果确定没有误差之后，进入正式测量。

（4）超声探头在绞车的控制下从孔口匀速下降，速度应不大于 12m/min。孔径检测连续进行，测点距不宜大于 500mm。在检测到可疑测点周围，应加密测点进行复测，进一步确定桩径变化位置及范围。

（5）超声波法孔径测量应正交二方向检测，便于获取两垂直方向弦长（因超声波法假定桩孔为标准圆形,两个方向测可以获得长短轴),并宜标明检测剖面与桥梁实际走向。

(6)检测结束时,提升探头至孔口,测量探头与成孔中心位置偏差,大于起始偏差5mm时应重新进行检测。

(7)探头超声波采集过程中,通过仪器主机上反馈的图像,就能判断孔深、孔径、倾斜度,此外,还能直观地看出哪个深度有扩孔径、缩径等现象。数据采集完成后,将数据导入计算机,用专用软件进行具体分析,生成检测报告。

注意:

① 超声波成孔检测仪的构造、作业方法根据生产商的不同而不同,具体使用方法详见产品说明书。

② 泥浆的性能直接影响超声波的传播性能。检测时孔内泥浆指标一般控制在比重为 1.03～1.15,含砂率<4%,且待泥浆中气泡消散后。

钻(挖)孔灌注桩成孔质量检测记录表见8-5。

表8-5 钻(挖)孔灌注桩成孔质量检查记录

工程名称			施工日期		
施工单位			桩号		
序号	项 目	质量检验值			备注
		设计要求或规范规定	实测值		
1	桩位(mm)	≤100			
2	孔深(mm)	≥设计值			
3	孔径(mm)	≥设计值			
4	倾斜度(%)	≤1			
5	沉淀厚度(mm)	≤50			
6	孔底标高(m)				
7	扩大头尺寸(m)				
8	清孔后泥浆比重	1.03～1.10			
9	桩进入持力层情况	≥设计值(1000mm)			
施工单位	项目技术负责人		施工员	监理(建设)单位	监理工程师

复习思考题

一、单项选择题

1.桥梁钻孔灌注桩采用正循环钻孔,一般地层的护壁泥浆的含砂率要求为( )。

    A.≤9%　　　　B.4%～9%　　　　C.≤6%　　　　D.≤4%

2. 对于桥梁钻孔桩成孔中心位置允许偏差,《公路桥涵施工技术规范》(JTG/T 3650—2020)的要求为( )。

  A. 群桩和单排桩:50mm   B. 群桩和单排桩:100mm
  C. 群桩:50mm,单排桩:100mm   D. 群桩:100mm,单排桩:50mm

二、多项选择题

根据《公路桥涵施工技术规范》(JTG/T 3650—2020)规定,对于摩擦桩清孔后,沉淀厚度应符合设计要求。当无设计要求时,以下选项正确的是( )。

  A. 对于直径小于或等于1.5m的桩,沉淀厚度应小于或等于200mm
  B. 对于直径小于或等于1.5m的桩,沉淀厚度应小于或等于300mm
  C. 对于桩径大于1.5m或桩长大于40m以及土质较差的桩,沉淀厚度应小于或等于200mm
  D. 对于桩径大于1.5m或桩长大于40m以及土质较差的桩,沉淀厚度应小于或等于300mm

三、判断题

1. 桥梁钻孔灌注桩成孔质量检测时,对于钻孔桩倾斜度允许偏差为小于2%。( )
2. 钻孔灌注桩孔底沉淀土厚度不会影响其承载能力。( )
3. 超声波孔壁测量仪可以直接测定桥梁钻孔灌注桩孔底沉淀土厚度。( )
4. 不论采用哪种清孔方法,桥梁钻孔灌注桩泥浆试件都应从孔底提出,进行性能指标检测。( )
5. 桥梁钻孔灌注桩护壁泥浆一般要求呈碱性。( )
6. 钻孔泥浆作为钻探的冲洗液,除起护壁作用外,还具有携带岩土、冷却钻头、堵漏等功能。( )
7. 灌注桩护壁泥浆一般要求呈酸性。( )

项目 9　基桩完整性检测

项目描述

基桩桩身完整性检测方法有低应变反射波法、超声波透射法和钻探取芯法3种。低应变反射波法具有仪器轻便、操作简单、检测速度快、成本低等特点，可检测桩身缺陷及位置，判定桩身完整性类别，但检测深度有限，在桩基工程质量普查中应用较广。超声波透射法需在基桩混凝土浇筑前预埋声测管，测试操作较复杂，可检测灌注桩桩身缺陷及其位置，较可靠地判定桩身完整性类别。经上述两种方法检测后，对桩身缺陷仍存在疑虑时，可用钻芯法进行验证。钻芯法使用设备笨重、操作复杂、成本高，但检验成果直观可靠。它可以检测桩长、桩身混凝土强度、桩底沉渣厚度，鉴别桩底岩土性状，准确地判定桩身完整性类别。如将上述3种方法有机结合，并结合桩的设计条件、承载性状及施工等因素进行综合分析，不仅可对桩身完整性类别做出可靠的评价，还可对桩的承载力做出评估。

《公路工程基桩检测技术规程》(JTG/T 3512—2020)规定，采用低应变反射波法或超声波透射法检测时，被检桩混凝土强度不得低于设计强度的70%且不得小于15MPa，龄期不应少于7d；对混凝土灌注桩进行钻孔取芯检测时，被检桩的混凝土龄期应达到28d或强度达到设计要求。

教学目标

1. 知识目标

(1) 掌握使用低应变反射波法检测桩身完整性的方法。
(2) 掌握使用超声波透射法检测桩的方法和判断桩身缺陷的方法。

2. 能力目标

(1) 能使用低应变反射波法检测桩身完整性。
(2) 能使用超声波透射法检测、判断桩身缺陷。
(3) 会进行数据分析和编制检测报告。

任务 9.1　低应变反射波法

低应变反射波法是目前国内外使用较广泛的一种基桩无损检测方法。低应变反射波法是在桩顶施加低能量冲击荷载，低应变弹性波在桩中传播至桩端，并反射回桩顶，被传感器接收，实测被检桩加速度(或速度)响应时程曲线，运用一维线弹性波动理论的时域和频域分析,对被检桩的桩身完整性(其中包括桩身存在的缺陷部位及其影响程度、桩端与持力层的结合状况)进行评判的检测方法。

对比其他桩身完整性检测方法,低应变反射波法具有检测效率高、检测费用低的优点,但该方法对于超长桩的完整性检测有局限性。实际检测中,有效桩长的长径比在30~50时,检测的效果比较理想。

9.1.1 认识基桩动测仪

基桩动测仪是用低应变反射波法对混凝土基桩的完整性进行检测的仪器。某些厂商的动测仪兼具低应变和高应变两种工法的测试。

1. 基桩动测仪的组成

基桩动测仪由动测仪主机(信号采集处理)、加速度传感器(安装在被检桩顶面用以接收桩身和桩端反射波信号的器件)、手锤(激振设备)等组成,如图9-1所示(厂商不同,外观各异,仅供参考)。此外还有充电器、不同材质重量的激振锤、耦合剂、数据线、仪器箱子、软件等专用附件。

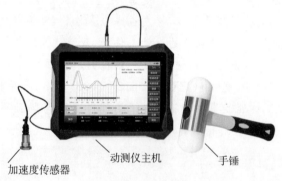

图 9-1 基桩动测仪

2. 主机的基础操作

通过仔细阅读产品说明书,学习主机基本功能,并进行以下基础操作。

(1)练习开机、关机和充电操作。

(2)练习加速度传感器与主机的连接。

(3)熟悉系统操作界面。

(4)尝试基桩检测参数设置。

(5)学习信号采集界面操作。

(6)数据保存,输出至计算机软件,学习软件的使用,数据处理,识别完整性缺陷,判断完整性类别,输出检测报告。

9.1.2 检测前准备

(1)被检桩混凝土强度不得低于设计强度的70%且不得小于15MPa,龄期不应少于7d,推荐14d后进行。

（2）被检桩顶面条件的好坏直接影响着测试信号的质量和对桩身完整性判定的准确性。因此，要求被检桩顶面的混凝土质量、截面尺寸应与桩身设计条件基本相同。由于混凝土灌注桩在灌注过程中桩顶或多或少都会存在一些低强度的浮浆，这些浮浆会直接影响传感器的安装以及锤击所产生的弹性波在桩顶部位的传播，因此，检测前必须清理干净，以露出坚硬的混凝土表面为准。

（3）根据客户要求和检测规范，确定现场基桩抽检比例。

9.1.3 现场检测

1. 预先给主机充电

检查动测仪主机电池电量，确保有足够的电量进行检测。

2. 清理桩头

传感器的耦合点及锤的敲击点必须干净、平整、坚硬，在测试前应将桩头表面的浮浆及其他杂物清理干净，并在桩头用砂轮机打磨出两三处平整表面用于安放传感器和敲击点。

3. 安装传感器

为了获得被检桩高质量的检测信号，传感器的安装及与桩头的耦合十分关键。传感器与被检桩安装耦合得越好，接触刚度越大，测得的振动信号越接近于被检桩表面的质点振动信号。

耦合剂的选择：试验证明高品质的黄油和牙膏较之橡皮泥、口香糖检测效果更好。黄油是施工机械常用材料，作为传感器耦合剂使用较为普遍。

将传感器通过耦合剂粘贴在桩顶打磨处，确保黏结稳固，耦合良好，与桩顶面垂直。另一端传感器数据接口按厂商要求连接主机，并在系统内进行正确设置。

安装位置：激振点宜选择在桩中心，传感器宜安装在距桩中心 2/3 半径处，且距离桩的主筋不小于 50mm；当桩径小于 1000mm 时，不宜少于 2 个测点；当桩径大于或等于 1000mm 时应设置 3~4 个测点；测点宜以桩心为中心对称布置。

4. 选择合适的激振工具

激振技术是反射波法检测基桩完整性的重要环节之一。不同长度、强度的基桩，需选用合适的材质、重量的激振锤。一般大长桩选用质量较大的激振锤，短细桩选用质量较小的激振锤，深部缺陷采用材质较软的低频激振锤，浅部缺陷采用材质坚硬的高频激振锤。用户可根据经验选择设备，并通过现场做对比试验选择最合适的激振锤。敲击的角度应尽量垂直接触面，并使用合适的力度。图 9-2 为不同激振锤产生的波形。

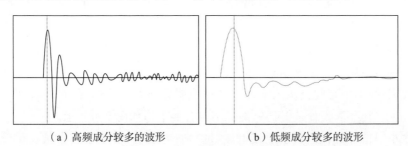

（a）高频成分较多的波形　　（b）低频成分较多的波形

图 9-2　不同激振锤产生的波形

5. 信号采集

开机进入基桩检测界面,输入检测基本信息,如工程信息、采样参数等(相关操作参考产品说明书),桩长输入时注意采用实际施工长度。

采用已经选好的激振锤敲击中心激振区域,根据单次采样、连续采样或叠加采样模式记录采样数据,保存数据。如现场发现缺陷位置需要确认或精确定位,可换用其他频率激振锤重复试验。

各测点记录的有效信号数不应少于3次,且检测波形应具有良好的一致性,并提高有效信号的信噪比。

6. 软件处理

通过计算机专用软件打开检测数据,通过软件进行数据处理,波形过滤,缺陷识别和标记,完整性类别判断,最后输出检测报告。

9.1.4 检测数据的分析与判定

1. 桩身完整性判别

桩身完整性类别评判应结合时域或频域曲线的完整性,并根据场地的岩土工程特征、成桩工艺、施工记录和设计桩型等因素,按表9-1综合分析评判。

表 9-1 桩身完整性类别评判

类别	时域信号特征	频域信号特征
Ⅰ	$2L/c$ 时刻前无缺陷反射波,有桩底反射波信号	可见规律的等间距桩底谐振峰,其相邻频差 $\Delta f \approx c/(2L)$
Ⅱ	$2L/c$ 时刻前有局部轻微缺陷反射波,有桩底反射波信号	桩底谐振峰基本等间距,其相邻频差 $\Delta f \approx c/(2L)$,局部轻微缺陷产生的谐振峰与桩底谐振峰之间的频差 $\Delta f_x > c/(2L)$
Ⅲ	$2L/c$ 时刻前有明显的缺陷反射波,桩底反射信号不明显,其他特征介于Ⅱ类和Ⅳ类之间	
Ⅳ	$2L/c$ 时刻前有严重的缺陷反射波,或因桩身严重缺陷使波形呈多次大振幅反射,无桩底反射信号	严重缺陷峰排列基本等间距,相邻频差 $\Delta f_x > c/(2L)$,无桩底谐振峰;或因桩身浅部严重缺陷只出现单一谐振峰

通常试验检测工程师应使用专用软件处理和分析低应变检测曲线,判断缺陷,确定完整性类别。

完整性良好的线形表现:桩头入射,桩底反射,中间平滑,没有跟桩头同相位(位于同一边)的明显凸起,声速处于正常值,如图9-3所示。

缺陷表现:线形中有与桩头入射曲线同相位明显凸起的为缩径,反相位明显凸起的为扩径(由规范中"孔径≥设计值"可知,缩径不符合要求),如图9-4所示。

如果在小于正常桩长位置出现反射波,可判断为短桩;远小于正常桩长位置出现明显同相位凸起或反射波,可判断为断桩。

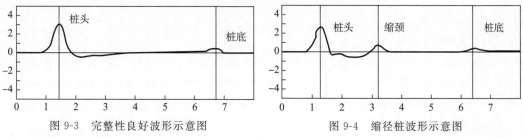

图9-3 完整性良好波形示意图　　　　图9-4 缩径桩波形示意图

【案例9-1】 图9-5给出了4张低应变检测曲线,试用上述规律判断4根桩的缺陷及桩身完整性类别。

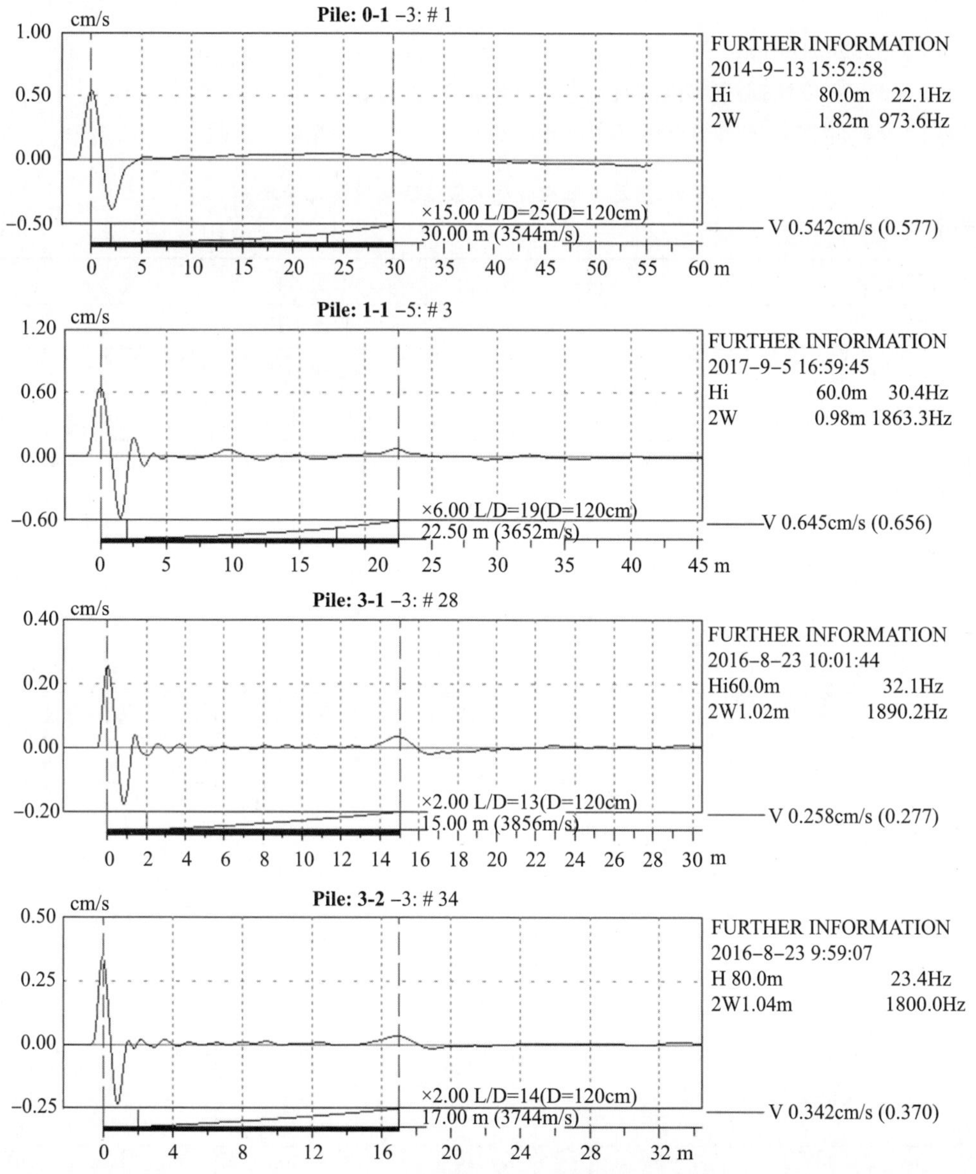

图9-5 完整性类别评判实例

结论：

0-1 号桩，判Ⅰ类桩。

1-1 号桩，在 10m 位置有缺陷：缩径，10m 处有与桩头同相位的明显凸起，判Ⅱ类桩。

3-1 号桩，和 3-2 号桩比，在 15m 处提前出现桩底反射，判断：3-1 号桩桩长 15m，3-2 号桩桩长 17m，缺陷：短桩。

3-2 号桩，判Ⅰ类桩。

2. 检测报告内容

检测报告应包括以下内容。

(1) 桩身完整性实测的时域曲线。

(2) 桩身波速取值。

(3) 桩身完整性描述，缺陷的位置及完整性类别。

本试验检测记录表可参考表 9-2。

表 9-2 基桩低应变反射波法现场检测记录表

编号：

施工标段			工程名称	
施工单位			监理单位	
仪器编号			文件编码	
检测单位			检测日期	

桩位布置示意图：

墩台号	桩号	桩径(m)	桩头截面尺寸(m)	桩长(m)	检测记录
检测				校核	

任务 9.2 超声波透射法

超声波透射法是通过在桩身混凝土内发射并接收超声波,实测超声波在混凝土介质中传播的声时、波幅和频率等参数的相对变化,对被检桩的桩身完整性进行评判的检测方法。目前多采用跨孔超声波透射法,其原理是在桩身预埋一定数量的声测管,超声波从一根声测管中发射,被另一根声测管接收,超声波在混凝土中遇到缺陷时会产生绕射、反射和折射,因而到达接收换能器时声时、波幅及主频发生改变。利用这些超声波特征参数来判别桩身的完整性,评定桩身缺陷的位置、范围和程度。超声波透射法适用于检测直径不小于800mm 的混凝土灌注桩的完整性。

对比低应变反射波法,超声波透射法检测深度更大,可以覆盖整桩(即更适合检测长桩)。另外,从理论上超声波透射法的检测范围和检测精度比低应变反射波法要高,因此在检测前必须预埋声测管,给施工带来了负担,检测效率较低。

9.2.1 认识超声测桩仪

1. 超声测桩仪

超声测桩仪是用来进行超声波透射法检测基桩完整性的商品化成套设备,通常由以下主要配件组成,如图 9-6 所示(每个厂商产品略有不同)。

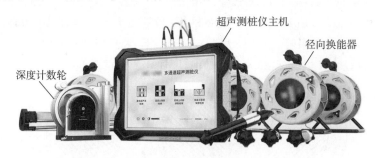

图 9-6 超声测桩仪

(1) 超声测桩仪主机:集成周边设备,提供界面交互、系统处理、数据采集与处理、显示及存储的计算机。

(2) 径向换能器:用来发射和接收超声波的传感器。径向换能器是整套设备的核心,《公路工程基桩检测技术规程》(JTG/T 3512—2020)做了详尽的指标规定,对于正规厂商的产品,指标参数都可满足规范的要求。作为试验检测工程师要着重了解以下参数:换能器的水密性指标规定为 1MPa,满足信号线长度小于 100m 的工程桩的检测要求,但对于信号线的长度超过 100m 的换能器一般应同比提高其水密性指标的要求,保证其安全可靠,也就是检测前要判断设备对于待检基桩的合理性。图 9-6 有 4 只径向换能器,一次提升可同时完成 4 管、6 个剖面的测试。

(3) 深度计数轮:主要用于记录换能器在声测管中的提升距离及提升速度。通过信号线与主机相连进行通信。

2. 主机的基础操作

通过仔细阅读产品说明书,学习主机基本功能,并进行以下基础操作。

(1)练习开机、关机和充电操作。

(2)熟悉系统操作界面。

(3)练习换能器零声的设置。

(4)尝试基桩检测参数设置,填写桩长、桩径、声测管编号、间距、声测管外径、内径、声测管声速、水声速等信息。

(5)学习主测量界面操作。

(6)数据保存并输出至计算机,学习软件的应用,数据处理,识别完整性缺陷,判断完整性类别,输出检测报告。

9.2.2 检测前准备

超声波透射法在检测前有一项很重要的工作——声测管的埋设。

(1)声测管应采用金属管,壁厚不应小于2mm,其内径应比换能器外径至少大15mm。金属管宜采用螺纹连接或套管焊接等工艺,且不渗漏。

(2)声测管应牢固焊接或绑扎在钢筋笼的内侧,均匀布置,且互相平行、定位准确,并埋设至桩底,管口宜高出混凝土顶高程100mm。

(3)声测管管底应封闭,管口应加盖。管底、管口及各连接部位应密封。

(4)当桩径小于1000mm时,应埋设2根管;当桩径大于或等于1000mm且小于或等于1600mm时,应埋设3根管;当桩径大于1600mm且小于2500mm时,应埋设4根管,如图9-7所示;当桩径大于或等于2500mm时,应增加声测管的数量。

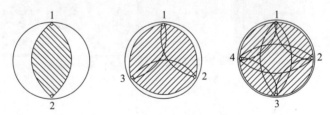

图9-7 声测管布置的示意图

9.2.3 现场检测

1. 声测管参数的量测

测试前应确保声测管畅通,冲洗声测管并给声测管注满清水。

声测管编号:按照规范要求给声测管编号,以正北方向为起点,按顺时针顺序对声测管进行编号。

量测管距:对声测管管距进行量测,量测两管间净距,对角线方向也要量测。

量测声测管的外径、内径、外露长度,量测换能器直径,以供进行声测管进行零时修正。

2. 修正系统零声时

当设备长时间放置不用,或者送检以及维修后均需进行系统零声时修正。修正方法根据厂商略有不同,通常自动化程度很高,按产品说明书和系统页面要求很容易自动修正系统零声时。不过在修正时要注意换能器的编号和组合,6个组合依次进行,以防出现乱序。此外,在使用中还要注意换能器线序不能乱,在线序不变的情况下,下次使用可不做零声时修正。

3. 架设三脚架、安装计深

三脚架应平稳牢固架设,高度符合检测人员操作要求,调平架顶。将深度计数轮安装在三脚架上,导线轨朝向基桩。

4. 放置换能器

在声测管管口放置导向轮,将换能器通过导向轮放入声测管中。放置时注意两者编号吻合。下放信号线,确保换能器落至管底。将信号线铺设到深度计数轮轨道中,核对管口信号线刻度是否符合设计桩长。将信号线收紧,保证4个换能器在同一高度,扣紧深度计数轮上的压紧装置。换能器信号线尾端插头按编号连接到主机上。深度计数轮也要用信号线连接主机。

5. 参数设置

将工程参数和前面量测的参数填入参数设置页面。

6. 开始测试

点击采样,设备自动搜索波形,适当调整各剖面首波波幅、波形显示,保存桩底数据。提升采集时,一个人负责缓慢匀速拉动信号线,拉线速度不大于 0.5m/s,另一个人负责观察主机,监控速度,防止主机因过快而漏采。完全提升后,可以通过主机的曲线分析窗口对检测曲线进行初步调整和分析,确定基桩缺陷位置、上下限等信息,如有疑问可以增加对缺陷位置的重复检测。最后保存数据,留待进行计算机软件分析和检测报告的出具。

9.2.4 检测数据分析与判定

1. 桩身完整性判别

被测桩的桩身完整性类别可根据各剖面的可疑缺陷区的分布、可疑缺陷区域测点的声参量偏离正常值的程度和接收波形变化情况,结合桩型、地质情况、成桩工艺等因素,按照表 9-3 的特征进行评判。

表 9-3 桩身完整性判定表

类别	测点的声参量和波形特征
Ⅰ	所有测点声学参数正常,接收波形正常; 个别测点的多个声参量轻微异常,但此类测点离散,接收波形基本正常或个别测点波形轻微畸变; 多个测点的个别声参量轻微异常,其他声参量正常,但空间分布范围小,接收波形基本正常或个别测点波形轻微畸变
Ⅱ	一个或多个剖面上多测点的多个声参量轻微异常,在深度和径向形成较小的区域,多个测点接收波形存在明显畸变;其中个别测点的声速低于低限值; 一个或多个剖面上多测点的个别声参量明显异常,其他声参量轻微异常,在深度和径向形成较小的区域,多个测点的接收波形存在明显畸变,其中个别测点的声速低于低限值

续表

类别	测点的声参量和波形特征
Ⅲ	某一深度范围内,一个或多个剖面上多个测点的多个声参量明显异常,在深度或径向形成较大的区域,多个测点接收波形存在严重畸变或个别测点无法检测到首波,其中多个测点的声速低于低限值; 一个或多个剖面上多个测点的个别声参量异常严重,其他声参量明显异常,在深度或径向形成较大的区域,多个测点接收波形存在严重畸变或个别测点无法检测到首波,其中多个测点的声速低于低限值
Ⅳ	某一深度范围内,多个剖面上的多个测点的个别或多个声参量异常严重,在深度或径向形成很大区域,波形严重畸变或无法检测到首波,较多测点的声速低于低限值

根据声学原理,混凝土密实则声速高。若存在空洞、蜂窝等缺陷,由于声波的绕射,传播路径加长,声速降低,声波的衰减也会增大,波幅和声频也会下降,波形发生畸变。

超声波透射法的主要声学参数包括:声速、波幅、频率、波形和PSD。

(1) 声速判据。声速是声波在混凝土中的传播速度,是判断混凝土内部缺陷的主要声学参数之一。实践表明,由于声速在不同介质中的传播速度不同,具有较强的变化规律,在一定程度上声速值的变化可反映混凝土的质量及强度。当某区段混凝土实测声速值小于临界值时,可视该区段为可疑缺陷区。

(2) 波幅判据。波幅是衡量超声波穿透混凝土传播过程中衰减程度的主要参数之一。声波在混凝土中传播时会发生吸收衰减、散射衰减及扩散衰减,衰减程度越大,声能越低,波幅也就越小。声波衰减程度和混凝土质量具有很大的相关性,具体表现为波幅的大小变化,而且波幅对缺陷区的反应比波速更为灵敏。当实测波幅小于波幅临界值时,可视该区段为可疑缺陷区。

(3) 频率判据。由声学原理可知,超声仪发出的超声波是一种脉冲超声波,由许多不同频率的余弦波组成,其具有固定的主频率。它的衰减与频率有关,频率越高衰减越大,当超声波通过缺陷时,高频波减少,低频波增加,主频率也随之降低。在运用频率判据时要结合波幅判据。

(4) 波形判据。波形能最直观地判断基桩内部混凝土的质量。若混凝土内部无缺陷,声波首波明显,振幅较大较陡;若混凝土内部存在缺陷,则会出现首波无法确认,振幅较小甚至呈直线、频率变小、声时延长、波速降低等特征。

(5) PSD判据。PSD法也称斜率法,是一种判据的辅助法。当波经过缺陷位置时,声速变小,声时突变,而且声时对于基桩混凝土的缺陷比较敏感,为了更好地突出声时的判据作用,并尽可能削弱因声测管不平行造成的影响,于是提出了PSD法。PSD值与声时差的平方成正比,当混凝土内部均匀无缺陷时,声时值几乎不变,PSD值很小;当混凝土内部存在缺陷时,声时值发生突变,平方后使得突变值更为明显,所以PSD对于缺陷非常敏感。

用软件打开检测数据后,首先查看分析曲线,总览各个剖面的情况是否存在全断面的缺陷,然后针对各个剖面进行分析,分析曲线上是否存在声学参数上小于临界值的声测线,对应波形是否产生畸变,排除非缺陷因素导致的参数异常。对于确定的缺陷处,在分析曲线上进行标记,判定桩的完整性。最后保存数据,输出检测报告。

2. 检测报告内容

检测报告应包括下列内容。

(1) 每根被检桩各剖面的声速-深度、波幅-深度和 PSD 值-深度等曲线,并标记各自的临界值,整桩波速、波幅的平均值。

(2) 缺陷状况和严重程度的分析说明。

(3) 对于Ⅲ、Ⅳ类桩的报告还应附其缺陷区域的双向斜测或扇形测试结果的声阴影图。

本试验检测记录表可参考表 9-4。

表 9-4 超声波透射法检测基桩完整性现场记录表

No. － －　第　页　共　页

工程名称						检测日期			
施工单位						检测人员			
桩号		施工桩长		(m)	桩径	(mm)	灌注时间	年　月　日	
测管高度(m)		1			2				
管底深度(m)									
○		剖面	测管间距		记录文件	剖面	测管间距		记录文件
		AB	(mm)				(mm)		
		BC	(mm)				(mm)		
		CA	(mm)				(mm)		
备注									
桩号		施工桩长		(m)	桩径	(mm)	灌注时间	年　月　日	
测管高度(m)		1			2				
管底深度(m)									
○		剖面	测管间距		记录文件	剖面	测管间距		记录文件
		AB	(mm)				(mm)		
		BC	(mm)				(mm)		
		CA	(mm)				(mm)		
备注									
桩号		施工桩长		(m)	桩径	(mm)	灌注时间	年　月　日	
测管高度(m)		1			2				
管底深度(m)									
○		剖面	测管间距		记录文件	剖面	测管间距		记录文件
		AB	(mm)				(mm)		
		BC	(mm)				(mm)		
		CA	(mm)				(mm)		
备注 $t_0=$ $t'=$									

测量:　　　　　　　　　　　　　　记录

复习思考题

一、单项选择题

1. 低应变的原理是,把桩视为一维弹性均质杆件,当桩顶受到激励后,压缩波以波速 C 沿桩身向下传播,当遇到桩身波阻抗或截面积变化的界面时,在界面将产生( )。
   A. 反射波、透射波 B. 绕射波、折射波
   C. 反射波、吸收波 D. 反射波、绕射波

2. 低应变反射波法检测关于信号采集要求,填入内容正确的是( )。
   ① 根据桩径大小,在与桩心对称处布置____个测点。
   ② 实测信号能反映桩身完整性特征,有明显的桩底反射信号,每个测点记录的有效信号不宜小于____个。
   ③ 信号幅值适度,波形光滑,无毛刺、振荡出现,信号曲线最终____。
   A. 2>4个,3个,归零 B. 1~2个,2个,归零
   C. 1~2个,3个,归一 D. 2~4个,2个,归一

3. 为了保证振动测试信号处理时不产生混叠,信号采样频率至少为原信号最大频率的( )倍。
   A. 1 B. 2 C. 3 D. 4

4. 声波在混凝土传播过程中,当桩身混凝土介质存在阻抗差异时,将发生( ),造成声波能量的吸收、衰减,通过声学参数或波形变化检验桩身混凝土是否存在缺陷。
   A. 反射波、绕射波、折射波 B. 声时、波幅变化
   C. 透射波、吸收波 D. 接收波主频变化

5. 下列结果分析中不正确的表述有( )。
   A. 声速临界值采用混凝土声速平均值与2倍声速标准差之差
   B. 波幅异常时的临界值采用波幅平均值减6dB
   C. 实测混凝土声速低于声速临界值时,可将其作为可疑缺陷区域
   D. 当PSD值在某点附近变化明显时,可将其作为可疑缺陷区域

6. 用超声波透射法检测钻孔灌注桩时,所依据的基本物理量是接收信号的频率变化和波形畸变,此外还有( )。
   A. 混凝土强度 B. 声程值和缺陷大小
   C. 声时值和波幅变化 D. 混凝土强度等级及缺陷位置

7. 根据《公路工程基桩检测技术规程》(JTG/T 3512—2020),高应变动力试桩法测试基桩承载力时,重锤以自由落锤锤击设有桩垫的桩头,锤的最大落距不宜大于( )m。
   A. 1.0 B. 1.2 C. 2.0 D. 2.5

二、多项选择题

1. 低应变反射波法检测现场准备工作包括( )。
   A. 现场踏勘 B. 资料收集
   C. 桩头处理 D. 传感器安装

2. 低应变反射波法检测仪器需要设置的参数包括(　　)。
   A. 采样频率　　　　　　　　B. 采样点数
   C. 适调放大器　　　　　　　D. 脉冲宽度
3. 低应变反射波法检测结果分析包括(　　)。
   A. 桩身波速平均值确定　　　B. 桩身缺陷位置计算
   C. 桩身完整性判断　　　　　D. 混凝土强度计算
4. 低应变反射波法测桩时,安装传感器可采用(　　)等耦合剂。
   A. 石膏　　　　B. 环氧　　　　C. 黄油　　　　D. 橡皮泥
5. 低应变反射波法检测桩身完整性时,锤击桩头的目的是要在桩顶输入一个符合检测要求的初始应力波脉冲,其基本技术特性为(　　)。
   A. 波形　　　　B. 峰值　　　　C. 脉冲宽度　　D. 输入能量
6. 根据《公路工程基桩检测技术规程》(JTG/T 3512—2020)的规定,下列关于超声波检测仪的技术性能描述正确的有(　　)
   A. 超声波发射应采用阶跃脉冲或矩形脉冲,其电压宜为 250～1000V
   B. 径向换能器沿水平面无指向性
   C. 换能器谐振频率为 1～200kHz
   D. 换能器在 1MPa 水压下能正常工作
7. 声测管埋设要求正确的是(　　)。
   A. 声测管内径应大于换能器外径
   B. 声测管管口应高出桩顶 100～300mm,且各声测管管口高度应一致
   C. 《公路工程基桩检测技术规程》(JTG/T 3512—2020)规定,桩径 D 不大于 1600mm 时,应埋设 3 根声测管;当桩径大于 1600mm 时,应设 4 根声测管
   D. 《建筑基桩检测技术规范》(JGJ 106—2014)规定,桩径小于或等于 800mm 时,不少于 2 根声测管;桩径大于 800mm 且小于或等于 1600mm 时,不少于 3 根声测管;桩径大于 1600mm 时,不少于 4 根声测管;桩径大于 2500mm 时,宜增加预埋声测管数量

三、判断题
1. 低应变反射波法可测得基桩的缩径状况。　　　　　　　　　　　　　　　(　　)
2. 低应变反射波法基本原理是在桥梁基桩桩顶进行竖向激振,弹性波沿着桩身向下传播,在桩身存在明显波阻抗界面或桩身截面积变化部分,将产生反射波。(　　)
3. 利用低应变反射波法,不仅能判断桥梁基桩柱身混凝土的完整性,估算混凝土强度等级,还能估算出单桩承载力。　　　　　　　　　　　　　　　　　　　(　　)
4. 超声波透射法中采用钢管比用塑料管声能透过率更高。　　　　　　　　(　　)
5. 根据《公路工程基桩检测技术规程》(JTG/T 3512—2020)的规定,对 1500mm 直径的桥梁基桩,采用超声波透射法检测基桩完整性,应预埋 4 根声测管。(　　)

项目 10 基桩承载力检测

项目描述

如何正确评价桩的承载能力、选择合理的设计参数是关系到桥梁工程是否安全、经济的重要问题。基桩极限承载力的确定方法有静载试验和动力试验两大类。静载试验是确定单桩承载力最原始、最基本的方法,也是最可靠的方法。近代发展起来的一些新的基桩承载力试桩方法,如高应变动力试桩法、自平衡测试法和静动法等,都是在与静载试验对比的基础上建立相关关系,从而提高其可靠性。因此,国内外规范一致规定,凡属重要工程都应通过静载试验确定单桩承载力。

教学目标

1. 知识目标

(1) 掌握单桩竖向抗压、抗拔承载力检验方法。
(2) 掌握高应变动力试桩的方法。

2. 能力目标

(1) 能描述实验过程,可对实验数据进行分析。
(2) 能独立编制试验检测报告。

任务 10.1 单桩竖向抗压静载试验

单桩竖向抗压静载试验适用于确定单桩竖向抗压承载力,是一种原位测试方法。其基本原理是将竖向荷载均匀地传至基桩上,通过实测单桩在不同荷载作用下的桩顶沉降,得到静载试验的 Q-s 曲线及 s-$\lg t$ 等辅助曲线,然后根据曲线推求单桩竖向抗压承载力特征值等参数,或评判竖向抗压承载力是否满足设计要求。

10.1.1 检测仪器设备

单桩竖向抗压静载试验检测仪器设备包括反力装置、加载装置、荷载测量装置、变形测量装置等。

1. 反力装置

反力装置可根据现场条件选择压重平台反力装置、锚桩横梁反力装置、锚桩压重联合反力装置。

1）压重平台反力装置

压重平台反力装置是最常用的单桩竖向抗压静载试验反力装置，从下到上依次为下承压板、千斤顶、上承压板、主梁支墩、主梁、次梁支墩、次梁、压重，如图10-1所示。其中用于堆载的压重材料常用混凝土预制块。搭建施工时也是按从下到上顺序依次吊装，吊装中必须使桩中心、千斤顶合力中心、主梁中心对齐。

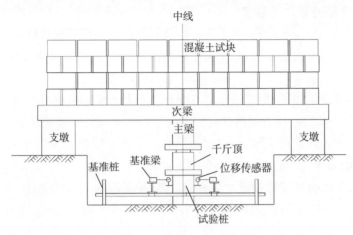

图10-1 压重平台反力装置

2）锚桩横梁反力装置

锚桩横梁反力装置由上下承压板（垫块）、千斤顶、主梁、次梁、锚桩（锚笼或主筋）、拉杆等组成，如图10-2所示。相对于压重平台反力装置，锚桩横梁反力装置需要4根以上的锚桩（可以采用工程桩做锚桩，或设置试验专用锚桩）。

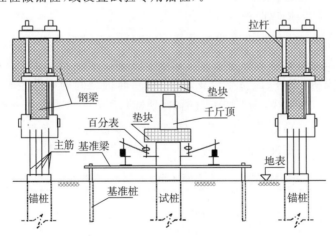

图10-2 锚桩横梁反力装置

3）对反力装置的要求

（1）加载反力装置的承载能力不应小于最大加载量的1.3倍。

（2）应对加载反力装置的全部构件进行强度和变形验算。

（3）在压重平台反力装置中，应确保消除压重平台对试验的影响，压重宜在检测前一次加足，并均匀稳固地放置在平台上。

（4）压重施加于地基的压应力不应大于地基承载力容许值的1.5倍，有条件时宜利用工程桩作为堆载支点。

（5）应对锚桩抗拔力以及抗力（含地基土、抗拔钢筋、桩的接头等）进行验算；采用工程桩做锚桩时，锚桩数量不宜少于4根，并应监测锚桩上拔量。

2. 加载装置和荷载测量装置

加载装置宜采用油压千斤顶，当采用两台及两台以上千斤顶加载时，应并联同步工作，千斤顶的合力中心与反力装置的中心、被检桩横截面的形心重合，并保证合力方向垂直。荷载测量可用放置在千斤顶上的荷重传感器直接测定；或采用并联于千斤顶油路的压力表或压力传感器测定油压，根据千斤顶与配套的压力表率定曲线换算荷载。荷重传感器的测量误差不应大于1%，压力表精度应优于或等于0.4级。试验用压力表、油泵、油管在加载时的压力不应超过额定工作压力的80%，且不应小于额定工作压力的20%。

3. 变形测量装置

沉降测量宜采用位移传感器或大量程百分表，并应符合下列规定。

（1）测量误差不应大于0.1%FS，分辨力应优于或等于0.01mm。对于机械式大量程（50mm）百分表，计量检定规程规定：全程示值误差和回程误差分别不超过40μm和8μm，相当于满量程测量误差不大于0.1%FS。

（2）直径或边宽大于500mm的桩，应在其两个方向对称安装4个位移测试仪表，直径或边宽小于或等于500mm的桩可对称安置2个位移测试仪表。

（3）沉降测定平面离桩顶距离不宜小于200mm，测点应牢固地固定于桩身。

（4）基准梁应具有足够的刚度，一端固定在基准桩上，另一端应简支于基准桩上，以减少温度变化引起的基准梁挠曲变形。

（5）检测设备及量测仪表应有遮挡设施，严禁日光直射基准梁；被检桩区域应不受冲击、振动等影响；基准桩应打入地面以下一定深度，确保在试验过程中不变形。

4. 被检桩、锚桩（锚杆、压重平台支墩边）和基准桩之间的中心距离

在被检桩加卸载过程中，荷载将通过锚桩（地锚）、压重平台支墩传至被检桩、基准桩周围地基土并使之变形。随着被检桩、基准桩和锚桩（或压重平台支墩）三者间相互距离缩小，地基土变形对试桩、基准桩的附加应力和变位影响加剧，见表10-1。

表10-1 被检桩、锚桩（锚杆、压重平台支墩边）和基准桩之间的中心距离

反力装置	距离		
	被检桩中心与锚桩中心（或压重平台支墩边）	被检桩中心与基准桩中心	基准桩中心与锚桩中心（或压重平台支墩边）
锚桩横梁	≥4(3)D 且>2.0m	≥4(3)D 且>2.0m	≥3D 且>2.0m
压重平台	≥4(3)D 且>2.0m	≥4(3)D 且>2.0m	≥3D 且>2.0m

注：1. D 为被检桩、锚桩的设计直径或边宽，取较大者。
2. 如被检桩或锚桩为扩底桩或多支盘桩时，被检桩与锚桩的中心距离不应小于2倍扩大端直径。
3. 括号内数值可用于工程桩抽样检测时多排桩设计桩中心距离小于4D的情况。

10.1.2 检测前准备

(1) 收集资料,了解试桩场地工程地质情况,试桩的基本情况(如桩长、桩径、混凝土强度等级、施工日期、施工工艺等),以及桩的预估极限承载力值及检测要求。

(2) 加载反力装置的设计及强度、变形验算,涉及的材料设备(如压重、反力钢梁)的制备,现场场地准备(包括场地平整、放样、锚桩、基准桩施工等)。

(3) 仪器设备在检测前必须进行检查、调试,确认正常。

(4) 做好试验方案编制,技术交底工作。

10.1.3 现场检测

竖向抗压静载试验应采用慢速维持荷载法。慢速维持荷载法是我国沿用多年的标准试验方法。考虑到公路基桩的重要性与特殊性,竖向抗压静载试验全部采用慢速维持荷载法。当在水上试桩时,考虑到风浪、潮汐等对试桩的影响,通常按设计要求的方式确定静载荷试验的加载方式。

对工程桩抽样检测和评价时,最大加载量宜采用承载力容许值的 2.0 倍或达到设计要求;检测数量应满足设计要求,不宜少于 3 根。

为设计提供依据的试验桩,桩侧与桩端的岩土阻力应加载至极限状态;当桩的承载力以桩身强度控制时,可按设计要求的加载量进行,试验桩数量应满足设计要求,且不应少于 3 根。

1. 加载、卸载

(1) 加载应分级进行,采用逐级等量加载;分级荷载宜为最大加载量或预估极限承载力的 $1/15 \sim 1/10$,第一级可取分级荷载的 2 倍。

(2) 当加载至接近极限荷载时,为获得相对准确的极限荷载,可以按半级荷载加载。

(3) 卸载应分级进行,采用逐级等量卸载;每级卸载量取加载时分级荷载的 2 倍。

(4) 加、卸载时应使荷载传递均匀、连续、无冲击,每级荷载在维持过程中的变化幅度不得超过分级荷载的 ±10%。

2. 沉降观测

(1) 每级荷载施加后按第 5min、15min、30min、45min、60min 测读桩顶沉降量,以后每隔 30min 测读一次。

(2) 每小时内的桩顶沉降量不超过 0.1mm,并连续出现两次(从分级荷载施加后的第 30min 开始,按 1.5h 连续 3 次每 30min 的沉降观测值计算)。

(3) 当桩顶沉降达到相对稳定标准时,再施加下一级荷载。

(4) 卸载时,每级荷载应维持 1h(分别按第 15min、30min、60min 量测桩顶的回弹量)即可卸下一级荷载。卸载至零后,维持时间不得少于 3h。桩端为砂类土时,应在开始 30min 内每 15min 测读一次;桩端为黏质土时,应在开始 60min 内每 15min 测读一次,以后每隔 30min 测读一次桩顶残余沉降量。

3. 终止加载条件

(1) 被检桩在某级荷载作用下的沉降量大于前一级荷载沉降量的 5 倍,且桩顶总沉降量大于 40mm。

(2) 被检桩在某级荷载作用下的沉降量大于前一级的 2 倍且经 24h 尚未稳定,同时桩顶总沉降量大于 40mm。

(3) 荷载-沉降曲线呈缓变型时,可加载至桩顶总沉降量 60~80mm;当桩长超过 40m 或被检桩为钢桩时,宜考虑桩身压缩变形,可加载至桩顶总沉降量超过 80mm。

(4) 工程桩验收时,荷载已达到承载力容许值的 2.0 倍或设计要求的最大加载量且沉降达到稳定。

(5) 桩身出现明显破坏现象。

(6) 当工程桩作锚桩时,锚桩上拔量已达到允许值。

10.1.4 检测数据分析与评判

1. 确定单桩竖向抗压承载力

确定单桩竖向抗压承载力时,应绘制竖向荷载-沉降(Q-s)曲线、沉降-时间对数(s-$\lg t$)曲线,需要时也可绘制其他辅助分析所需曲线。

1) 单桩竖向抗压极限承载力

单桩竖向抗压极限承载力可按以下方法综合分析确定。

(1) 根据沉降随荷载变化的特征确定。对于陡降型 Q-s 曲线,取其发生明显陡降的起始点对应的荷载值。

(2) 根据沉降随时间变化的特征确定。取 s-$\lg t$ 曲线尾部出现明显向下弯曲的前一级荷载值。

(3) 出现"终止加载条件"第 2 款情况,取前一级荷载值。

(4) 符合"终止加载条件"第 4 款情况,取本级荷载值。

(5) 对于缓变型 Q-s 曲线可根据沉降量确定,宜取 $s=40$mm 对应的荷载;对于钢管桩和桩长大于 40m 的混凝土桩,宜考虑桩身弹性压缩量;对直径大于或等于 800mm 的灌注桩或闭口桩,可取 $s=0.05D$ 对应的荷载值(D 为桩端全断面直径)。

2) 单桩竖向抗压极限承载力统计值

当为设计提供依据时,单桩竖向抗压极限承载力统计值(注意:统计值和检测值的区别)的确定应符合以下规定。

(1) 当满足其极差不超过平均值的 30% 时,取其平均值为单桩抗压极限承载力的统计值。

(2) 当极差超过平均值的 30% 时,应分析极差过大的原因,结合工程具体情况综合确定,必要时可增加试桩数量。

(3) 桩数为 3 根或 3 根以下独立承台的基桩,应取低值。

3) 单桩竖向抗压容许承载力

单位工程同一条件的单桩竖向抗压容许承载力应按单桩竖向抗压极限承载力统计值的一半取值。

2. 检测报告

检测报告应包括以下内容。

(1) 被检桩桩位对应的地质钻孔柱状图。

(2) 被检桩及锚桩的尺寸、材料强度、锚桩数量、配筋情况。

(3) 加载反力装置种类。堆载法应提供堆载重量,锚桩法应有反力梁布置平面图。

(4) 加、卸载方法,荷载分级表。

(5) 单桩竖向抗压承载力确定的依据。

(6) 进行分层摩阻力测试时,应包括传感器类型、安装的位置、轴力计算方法、各级荷载下柱身轴力变化曲线、各土层的桩侧摩阻力和桩端阻力等内容。

(7) 被检桩为灌注桩时,宜提供被检桩成孔检测结果;为设计提供依据的试验桩,应提供成孔质量检测结果。

本试验检测记录表可参考表10-2。

表10-2 单桩竖向抗压静载试验检测记录表

检测单位名称:　　　　　　　　　　记录编号:

工程名称		委托/任务编号		样品名称	
桩号		试验依据		试验日期	
主要仪器设备及标号					

加载级	油压(MPa)	荷载(kN)	观测时间	位移计(百分表)读数(mm)					本级沉降(mm)	累计沉降(mm)	备注
				1#	2#	3#	4#	平均值			

检测:　　　　　　记录:　　　　　　复核:　　　　　　日期:

【**案例10-1**】 某基桩抗压静载试验。

桩型:钻孔灌注桩,桩截面尺寸:$\phi 550$mm,桩长:47.39m,混凝土设计强度等级:水下C30,设计承载力:2000kN。

1. 检测设备

(1) 反力装置:采用锚桩横梁反力装置。

(2) 荷载装置:试验荷载由两台3200kN油压千斤顶通过一台电动液压油泵施加于试桩桩顶。荷载大小由并联于千斤顶油路的0.4级精密压力表测读。

(3) 量测系统:试桩桩顶沉降量采用4只量程为50mm、精度为0.01mm的百分表测读。4只百分表对称安置在桩侧2个正交直径方向,安置百分表的沉降测定平面在桩顶以下 300mm。固定和支撑百分表的磁性表支座安置在基准梁上。基准梁为 10# 工字钢,一端固定在基准桩上,另一端简支在基准桩上。

(4) 基准桩:基准桩采用 1.5m 长的 ϕ40mm 钢管打入地下不小于 1.0m,基准桩与试桩和锚桩中心距离均大于 2.0m。

2. 现场检测

(1) 荷载分级:本次试验最大加载量为 3680kN,每级荷载增量为最大加载量的 1/10,第一级荷载为加载增量的 2 倍,共分 9 级加载;每级卸载量为分级加载量的 2 倍,共分 5 级卸载。

(2) 加、卸载顺序:0→736kN→1104kN→1472kN→1840kN→2208kN→2576kN→2944kN→3312kN→3680kN→2944kN→2208kN→1472kN→736kN→0。

(3) 加载方式:慢速维持荷载法。

(4) 沉降测读时间具体如下。

① 加载。每级荷载施加后按第 5min、15min、30min、45min、60min 测读桩顶沉降量,以后每隔 30min 测读一次。当桩顶沉降速率达到相对稳定标准时方可施加下一级荷载。

② 卸载。每级荷载维持 1h,按第 5min、15min、30min、60min 测读桩顶沉降量后即可卸下一级荷载。卸载至零后,应测读桩顶残余沉降量,维持时间为 3h,测读时间为第 5min、15min、30min,以后每隔 30min 测读一次。

③ 试桩沉降相对稳定标准。每小时内的桩顶沉降量不超过 0.1mm,并连续出现两次。

(5) 终止加载条件。当出现下列情况之一时,即可终止加载。

① 试桩在某级荷载作用下的沉降量大于前一级荷载沉降量的 5 倍。

② 试桩在某级荷载下的沉降量大于前一级的 2 倍,且经 24h 尚未稳定。

③ 达到预估最大加载量且沉降达到稳定。

④ 试桩荷载达到桩身材料的极限强度以及试桩桩顶出现明显的破损现象。

⑤ 试桩总沉降量超过 100mm。

⑥ 当满足条件①、②但未达到最大加载量时,则继续加载至满足总沉降量超过 100mm 的要求。

本次试验依据上述条件③终止加载。

3. 试验结果与分析

1) 试验结果

试验结果见表 10-3～表 10-7。

表 10-3　主要技术资料

序号	桩号	休止期(d)	最大荷载(kN)	设计承载力(kN)	桩顶最大沉降量(mm)	桩顶回弹量(mm)	回弹率(%)
1	10	67	3680	2000	11.82	6.77	57.28
2	29	66	3680	2000	13.08	7.92	60.55

表 10-4 单桩竖向静载试验汇总表（一）

工程名称：××　　　　　　　　　　　　　　　　试验桩号：10
测试日期：××　　　　　　桩长：47.39m　　　　　桩径：φ550mm

序号	荷载(kN)	历时(min) 本级	历时(min) 累计	沉降(mm) 本级	沉降(mm) 累计
0	0	0	0	0.00	0.00
1	736	120	120	1.08	1.08
2	1104	120	240	0.56	1.64
3	1472	120	360	0.82	2.46
4	1840	120	480	1.14	3.60
5	2208	120	600	1.42	5.02
6	2576	120	720	1.44	6.46
7	2944	120	840	1.61	8.07
8	3312	150	990	1.71	9.78
9	3680	210	1200	2.04	11.82
10	2944	60	1260	−0.66	11.16
11	2208	60	1320	−0.76	10.40
12	1472	60	1380	−1.19	9.21
13	736	60	1440	−1.47	7.74
14	0	180	1620	−2.69	5.05

最大沉降量：11.82 mm　　　最大回弹量：6.77 mm　　　回弹率：57.28%

表 10-5 单桩竖向静载试验汇总表（二）

工程名称：××　　　　　　　　　　　　　　　　试验桩号：29
测试日期：××　　　　　　桩长：47.39m　　　　　桩径：φ550mm

序号	荷载(kN)	历时（min）本级	历时（min）累计	沉降（mm）本级	沉降（mm）累计
0	0	0	0	0.00	0.00
1	736	120	120	1.04	1.04
2	1104	120	240	0.72	1.76
3	1472	120	360	0.92	2.68
4	1840	120	480	1.20	3.88
5	2208	120	600	1.34	5.22
6	2576	120	720	1.53	6.75
7	2944	120	840	1.75	8.50
8	3312	150	990	2.10	10.60
9	3680	210	1200	2.48	13.08
10	2944	60	1260	−0.67	12.41
11	2208	60	1320	−0.91	11.50
12	1472	60	1380	−1.18	10.32
13	736	60	1440	−1.90	8.42
14	0	180	1620	−3.26	5.16

最大沉降量：13.08 mm　　　最大回弹量：7.92 mm　　　回弹率：60.55%

表 10-6 单桩竖向荷载-沉降（$Q\text{-}s$）曲线、沉降-时间对数（$s\text{-}\lg t$）曲线（一）

工程名称：××						试验桩号：10			
测试日期：××			桩长：47.39m				桩径：$\phi 550\text{mm}$		
荷载(kN)	0	736	1104	1472	1840	2208	2576	2944	3312	3680
累计沉降(mm)	0.00	1.08	1.64	2.46	3.60	5.02	6.46	8.07	9.78	11.82

表 10-7 单桩竖向荷载-沉降（$Q\text{-}s$）曲线、沉降-时间对数（$s\text{-}\lg t$）曲线（二）

工程名称：××						试验桩号：29			
测试日期：××			桩长：47.39m				桩径：$\phi 550\text{mm}$		
荷载(kN)	0	736	1104	1472	1840	2208	2576	2944	3312	3680
累计沉降(mm)	0.00	1.04	1.76	2.68	3.88	5.22	6.75	8.50	10.60	13.08

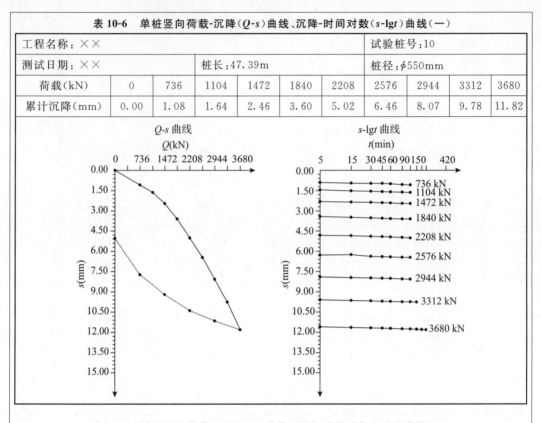

2)结论

① 本工程共有钻孔灌注桩 84 根,共检测了 2 根试桩,占总桩数的 2.38%。

② 本工程单桩竖向抗压承载力设计值为 2000kN,2 根试桩的单桩竖向抗压极限承载力均不小于 3680kN。

③ 与本次试桩相同条件下的单桩竖向抗压极限承载力标准值能满足设计要求。

任务 10.2 单桩水平静载试验

单桩水平静载试验适用于检测桩顶自由时的单桩水平承载力,通过推定桩侧地基土水平抗力系数,确定实际工程桩在水平荷载作用下的受力特性。当桩身埋设有应变(应力)测量传感器时,可量测相应水平荷载作用下的桩身内力,并由此计算桩身弯矩。

10.2.1 检测仪器设备

水平静载试验检测仪器设备包括反力装置、加载装置、水平荷载测量装置、水平位移测量装置等。

1. 反力装置

(1)反力装置可采用相邻桩,也可专门设置;反力装置的承载能力及其刚度应大于被检桩的 1.3 倍。

(2)当采用顶推法施加荷载时,反力桩与被检桩之间的净距不应小于 5 倍桩径(或边长);当采用牵引法施加荷载时,反力桩与被检桩之间的净距不应小于 10 倍桩径(或边长),且不应小于 6m。

2. 加载装置

(1)水平推力加载装置宜采用卧式千斤顶。

(2)当采用千斤顶施加水平荷载时,千斤顶和被检桩接触处应安置一球形铰座,应使千斤顶所施加的水平荷载通过桩身轴线,且千斤顶和被检桩接触处应适当补强。

3. 水平荷载测量装置

水平荷载测量及其仪器的技术要求见任务 10.1 单桩竖向抗压静载试验中对荷载测量装置的有关规定。

4. 水平位移测量装置

水平位移测量仪器的选用及安装要求见任务 10.1 单桩竖向抗压静载试验中对位移测量装置的有关规定。

(1)每根被检桩在水平力作用平面和该平面以上 500mm 处应各对称安装 2 只位移传感器或百分表,以量测相应测点位移及计算水平力作用面以上桩身的转角。

(2)水平位移测量的基准桩应不受试验和其他因素的影响,其与被检桩和反力桩的净距不宜小于 5 倍桩径(或边长);当基准桩设置在与加荷轴线垂直方向或被检桩位移相反方向时,间距可适当减小,但不应小于 2m。试验装置示意图如图 10-3 所示。基准桩、基准梁、百分表的其他要求见任务10.1单桩竖向抗压静载试验中的相关要求。

(3)当通过单桩水平静载试验测量相应水平荷载作用下桩身应变(应力)并推算桩身弯矩时,各测试断面的测量传感器应沿受力方向对称布置在远离中性轴的受拉和受压主筋或桩身表面;安装传感器的纵剖面与受力方向之间的夹角应小于10°。

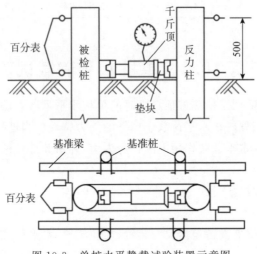

图10-3 单桩水平静载试验装置示意图

10.2.2 检测前准备

(1)收集资料,了解试桩场地工程地质情况,试桩的基本情况(如桩长、桩径、混凝土强度等级、施工日期、施工工艺等),以及桩的预估水平承载力值及检测要求。

(2)加载反力装置的设计及强度、变形验算,涉及的材料设备(如卧式千斤顶、百分表、球铰、各处垫块垫板)的准备,现场场地准备(包括场地平整、放样、反力桩、基准桩、基准梁施工等)。

(3)仪器设备在检测前必须进行检查、调试,确认正常后使用。

(4)做好试验方案编制,技术交底工作。

10.2.3 现场检测

1. 检测数量

单桩水平静载试验为设计提供依据时,应加载至桩侧土体破坏或桩身结构破坏,检测数量应满足设计要求,且不应少于3根;对工程桩进行检测和评判时,应按设计要求的最大水平加载量或最大水平位移量控制,检测数量应满足设计要求,不宜少于3根。

2. 加载、卸载

单桩水平静载试验宜根据工程桩实际受力特性选择合适的加、卸载方法,可选用单向多循环加、卸载法或慢速维持荷载法。

(1)荷载分级宜取预估被检桩水平极限承载力或要求最大试验荷载的1/10～1/12作为加载级差。

(2) 单向多循环加、卸载法。每级荷载施加后，维持荷载 4min 后测读水平位移并卸载至零，停 2min 后测读残余水平位移，至此完成一个加、卸载循环，如此循环 5 次，完成一级荷载的试验观测，试验不得中断。

(3) 慢速维持荷载法。加、卸载分级，试验方法及稳定标准详见任务 10.1 单桩竖向抗压静载试验中的有关规定。

3. 终止加载条件

出现下列情况之一时，可终止加载。

(1) 桩身折断。

(2) 水平位移超过 30～40mm（软土取 40mm）。

(3) 达到设计要求的最大加载量或水平位移允许值。

10.2.4 检测数据分析与评判

1. 数据整理

(1) 单向多循环加、卸载法：应绘制水平力-时间-力作用点位移 H_0-t-Y_0 曲线、水平力-力作用点位移梯度 H_0-$\Delta Y_0/\Delta H_0$ 曲线，如图 10-4、图 10-5 所示。

(2) 慢速维持荷载法：应绘制水平力-力作用点位移 H_0-Y_0 曲线、水平力-力作用点位移梯度 H_0-$\Delta Y_0/\Delta H_0$ 曲线、力作用点位移-时间对数 Y_0-$\lg t$ 曲线和水平力-力作用点位移双对数 $\lg H_0$-$\lg Y_0$ 曲线。

(3) 当埋设有桩身应力（应变）传感器时，应绘制各级水平力作用下的桩身弯矩分布图及水平力-最大弯矩截面钢筋拉应力 H_0-δ_s 曲线，并列表给出相应数据。

2. 单桩水平承载力确定

1) 单桩水平极限承载力检测值

(1) 单向多循环加、卸载法：根据 H_0-t-Y_0 曲线产生明显陡降的前一级水平荷载值和 H_0-$\Delta Y_0/\Delta H_0$ 曲线上第二直线段的终点对应的水平荷载值综合确定。

(2) 慢速维持荷载法：根据 H_0-Y_0 曲线产生明显陡降的起始点对应的水平荷载值、Y_0-$\lg t$ 曲线尾部出现明显弯曲的前一级水平荷载值、H_0-$\Delta Y_0/\Delta H_0$ 曲线和 $\lg H_0$-$\lg Y_0$ 曲线上第二拐点对应的水平荷载值综合确定。

(3) 取桩身折断或钢筋屈服时的前一级水平荷载值。

2) 单桩水平临界荷载值

(1) 单向多循环加、卸载法：根据 H_0-t-Y_0 曲线出现拐点的前一级水平荷载值和 H_0-$\Delta Y_0/\Delta H_0$ 曲线上第一拐点对应的水平荷载值。

(2) 慢速维持荷载法：根据 H_0-Y_0 曲线上出现拐点的前一级水平荷载值、H_0-$\Delta Y_0/\Delta H_0$ 曲线和 $\lg H_0$-$\lg Y_0$ 曲线上第一拐点对应的水平荷载值。

(3) 取 H_0-δ_s 曲线上第一拐点对应的水平荷载值。

3) 单桩水平极限承载力统计值及单桩水平临界荷载统计值

(1) 当满足其极差不超过平均值的 30% 时，取其平均值为单桩抗压极限承载力的统计值。

(2) 当极差超过平均值的 30% 时，应分析极差过大的原因，结合工程具体情况综合确定，必要时可增加试桩数量。

(3) 桩数为3根或3根以下独立承台的基桩，应取低值。

4) 单桩水平承载力容许值

(1) 当按桩身强度确定水平承载力时，取水平临界荷载统计值和单桩水平极限承载力统计值的一半的小值为单桩水平承载力容许值。

(2) 当桩受长期水平荷载作用且桩不允许开裂时，取水平临界荷载统计值的0.75倍和单桩水平极限承载力统计值的一半的小值为单桩水平承载力容许值。

(3) 当按设计要求的水平位移允许值确定水平承载力时，取设计要求的水平位移允许值对应的水平荷载统计值为单桩水平承载力容许值。

注意：此处涉及"极限承载力检测值""极限承载力统计值""临界荷载""承载力容许值"，请分清它们的区别和相互关系。

3. 检测报告

检测报告应包括以下内容。

(1) 被检桩与对应地质钻孔柱状图的相对位置，并应注明水平荷载施加位置。

(2) 被检桩的截面尺寸及配筋情况。

(3) 试验装置示意图。

(4) 加、卸载方法，荷载分级表。

(5) 单桩水平承载力确定的依据。

(6) 当由钢筋应力或应变测试推算桩身弯矩时，应有传感器类型、安装位置、内力计算方法等内容。

本试验检测记录表可参考表10-8。

表10-8 单桩水平静载试验记录表（样表）

检测单位名称： 记录编号：

工程名称					委托/任务编号						样品名称			
桩号					试验依据						试验日期			
上下表平均距离					主要仪器设备及编号									
油压(MPa)	荷载(kN)	观测时间	循环数	加载(mm)						卸载(mm)						水平位移(mm)		加载上下表读数差(mm)	转角(°)	备注
				上表1	上表2	上表均值	下表1	下表2	下表均值	上表1	上表2	上表均值	下表1	下表2	下表均值	加载	卸载			

检测： 记录： 复核： 日期：

【案例 10-2】 某基桩单桩水平静载试验。

试验桩为预应力管桩，桩长 12m，桩径为 ϕ400mm，采用静压法施工。

1. 检测设备

本次试验用 3 根反力桩提供反力。加载装置由 1000kN 千斤顶、传力杆及与试验桩相接触的球铰组成。千斤顶、传力杆与加荷点的中心处于同一水平面。荷载大小由安装在油路上的压力传感器通过 RS-JYB 型桩基静载荷测试分析系统自动控制。

水平位移观测采用 2 支量程为 50mm、精度为 0.01mm 的位移传感器，通过 RS-JYB 系统对施加水平力的加荷点平面处的水平位移自动测量。

2. 现场试验实施细则

1) 加载、卸载

该工程基桩水平静载荷试验采用单向多循环加、卸载法进行试验。

本次试验按预估水平极限承载力 400kN 分 10 级加载，每级 40kN，第一次加 2 级荷载，以后每次加 1 级荷载。

2) 水平位移观测

每级荷载施加后，恒载 4min 后可测读水平位移，然后卸载至零，停 2min 测读残余水平位移，至此完成一个加、卸载循环。如此循环 5 次，完成一级荷载的位移观测，试验不得中断。

3) 终止加载条件

当出现下列现象之一时，可终止试验：

（1）桩身断裂；

（2）水平位移超过 30~40mm（软土取 40mm）；

（3）水平位移达到设计要求的水平位移容许值。

3. 检测成果及结论

1) 检测结果

检测结果见表 10-9、图 10-4 和图 10-5。

表 10-9 某基桩水平静载试验记录表

工程名称：××××　　　　　　　　　　　　　试验桩号：1

测试日期：××××　　　　　　　　　　　　　上下表距：40cm

荷载 (kN)	观测时间 (时:分)	循环数	加载(mm)		卸载(mm)		水平位移(mm)		加载上下表读数差 (mm)	转角 (°)	备注
			上表	下表	上表	下表	加载	卸载			
80	09:04	1	5.25	1.62	3.37	0.85	1.62	0.85	3.63	0.5	
80	09:10	2	6.45	1.91	4.11	0.96	1.06	0.11	4.54	0.7	
80	09:16	3	6.68	2.06	4.43	1.02	1.10	0.06	4.62	0.7	
80	09:22	4	7.13	2.21	4.66	1.26	1.19	0.24	4.92	0.7	
80	09:28	5	7.26	2.38	4.80	1.53	1.12	0.27	4.88	0.7	
120	09:34	1	9.60	3.10	5.63	1.86	1.57	0.33	6.50	0.9	
120	09:40	2	10.21	3.26	6.14	2.06	1.40	0.20	6.95	1.0	
120	09:46	3	10.76	3.42	6.48	2.17	1.36	0.11	7.34	1.1	
120	09:52	4	10.90	3.75	6.72	2.29	1.58	0.12	7.15	1.0	

续表

荷载(kN)	观测时间（时:分）	循环数	加载(mm) 上表	加载(mm) 下表	卸载(mm) 上表	卸载(mm) 下表	水平位移(mm) 加载	水平位移(mm) 卸载	加载上下表读数差（mm）	转角（°）	备注
120	09:58	5	11.38	3.95	7.27	2.51	1.66	0.22	7.43	1.1	
160	10:04	1	14.84	5.09	8.48	2.98	2.58	0.47	9.75	1.4	
160	10:10	2	15.95	5.27	9.38	3.25	2.29	0.27	10.68	1.5	
160	10:16	3	16.64	5.61	10.04	3.52	2.36	0.27	11.03	1.6	
160	10:22	4	17.32	5.89	10.63	3.88	2.37	0.36	11.43	1.6	
160	10:28	5	17.86	6.10	11.03	4.05	2.22	0.17	11.76	1.7	
200	10:34	1	48.80	7.95	48.83	5.36	3.90	1.31	40.85	5.8	
200	10:40	2	0.00	8.27	0.00	5.76	2.91	0.40	−8.27	−1.2	
200	10:46	3	0.00	8.68	0.00	5.99	2.92	0.23	−8.68	−1.2	
200	10:52	4	0.00	9.05	0.00	6.20	3.06	0.21	−9.05	−1.3	
200	10:58	5	0.00	9.38	0.00	6.69	3.18	0.49	−9.38	−1.3	
240	11:04	1	0.00	13.29	0.00	8.73	6.60	2.04	−13.29	−1.9	
240	11:10	2	0.00	13.94	0.00	8.98	5.21	0.25	−13.94	−2.0	
240	11:16	3	0.00	14.68	0.00	9.76	5.70	0.78	−14.68	−2.1	
240	11:22	4	0.00	15.02	0.00	9.99	5.26	0.23	−15.02	−2.2	
240	11:28	5	0.00	15.86	0.00	10.83	5.87	0.84	−15.86	−2.3	
280	11:34	1	0.00	20.05	0.00	14.01	9.32	3.18	−20.15	−2.9	
280	11:40	2	0.00	21.63	0.00	14.86	7.62	0.85	−21.63	−3.1	
280	11:46	3	0.00	22.75	0.00	15.73	7.89	0.87	−22.75	−3.3	
280	11:52	4	0.00	23.87	0.00	16.69	8.14	0.96	−23.87	−3.4	
280	11:58	5	0.00	25.15	0.00	17.12	8.46	0.43	−25.15	−3.6	

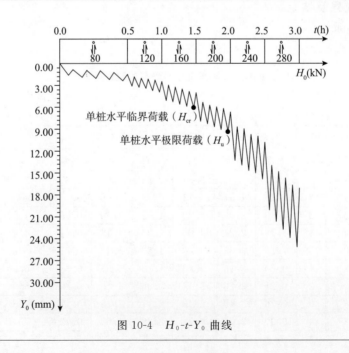

图 10-4 H_0-t-Y_0 曲线

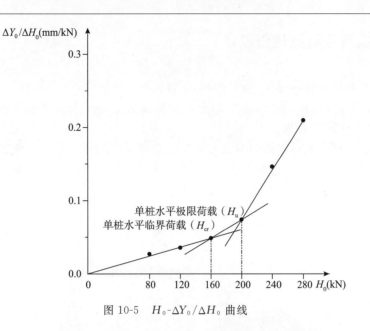

图 10-5 H_0-$\Delta Y_0/\Delta H_0$ 曲线

1号桩当加载至160kN时，水平位移为6.10mm，H_0-$\Delta Y_0/\Delta H_0$曲线出现第一个拐点；当加载至280kN时，出现最大水平位移为25.15mm；当加载至320kN时，因基坑土体坍落将位移计碰掉，位移测量结束；当加载至350kN时桩被推断结束试验。

2）结论

某基桩水平静载试验结果汇总表见表10-10。

表 10-10 某基桩水平静载试验结果汇总表

序号	桩号	桩径(mm)	桩长(m)	水平承载力特征值(kN)	水平承载力特征值对应的位移(mm)	断裂荷载(kN)
1	1#	400	12	160	6.10	350

任务10.3 高应变动力试桩法

高应变动力试桩法是一种用重锤冲击桩顶，冲击脉冲在沿桩身向下传播的过程中使桩-土产生足够的相对位移，以激发桩周土阻力和桩端支承力的一种动力检测方法。

相对于低应变动力试桩法，高应变动力试桩法使用的激振锤重量不得小于预估单桩极限承载力的1.2%，而低应变动力试桩法使用的激振锤是手锤。也就是说高应变动力试桩法比低应变动力试桩法产生的冲击能量大得多，使桩产生了贯入度。

本方法适用于检测单桩竖向抗压极限承载力，通过采用实测曲线拟合法分析得到桩侧土阻力的分布和桩端土阻力；用于检测桩身结构完整性，判定桩身缺陷的位置和缺陷程度；用于监测混凝土预制桩和钢柱沉桩过程中桩身应力和锤击能量传递比，为选择沉桩工艺参数和确定桩长提供依据。

10.3.1 高应变检测仪器设备

高应变检测仪器设备包括激振设备、信号采集及分析仪、传感器和贯入度测量仪等。除此之外,还需要冲击钻、膨胀螺栓、锢钢尺、起重设备、运输重锤的车辆等辅助设备。

1. 信号采集及分析仪

信号采集及分析仪商用化名字通常叫基桩高应变检测仪,由主机、测试电缆、应变环、加速度计及其他配件组成,如图10-6所示(厂商不同,外观各异,仅供参考)。

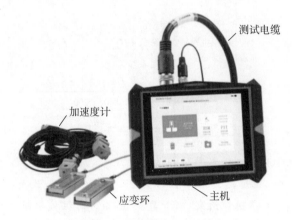

图10-6 基桩高应变检测仪

2. 激振设备

激振锤宜采用由铸铁或铸钢整体制作的自由落锤,也可采用柴油锤、液压锤,严禁使用由钢板制成的分片组装锤。锤体应材质均匀、形状对称、锤底平整,高径(宽)比不得小于1,宜采用稳固的导向装置,采用重锤低击的方式。

检测单桩竖向抗压极限承载力时,激振锤的重量不得小于预估单桩极限承载力的1.2%,灌注桩的桩径大于800mm或桩长大于35m时宜适当增加锤重。

10.3.2 检测前准备

(1) 被检桩资料收集。

① 收集工程信息、岩土勘察资料、被检桩的基本信息,填写高应变试验现场记录表基本信息。

② 检测混凝土灌注桩的极限承载力时,被检桩的混凝土龄期应达到28d或强度达到设计要求;检测混凝土灌注桩的完整性时,在桩身混凝土强度满足锤击要求的前提下,被检桩的混凝土龄期不应少于14d。

③ 高应变法检测桩应具有代表性,单位工程同一条件下检测单桩竖向抗压极限承载力时,不宜少于5根;工程地质条件复杂或对施工质量有疑问时,应增加检测数量;当采用高应变法进行沉桩过程监测或为沉桩工艺选择参数时,不应少于3根。

(2) 桩头处理:高应变检测是用重锤锤击桩头,在桩头会产生很大的局部应力,为避免桩头破坏,保证锤击力的正常传递,必须对基桩桩头进行处理。桩顶面应平整,桩顶高度应满足锤击装置(和传感器安装)的要求。对不能承受锤击的桩头应加固处理。

(3) 检查测试设备是否齐全,确定主机电量充足,主机及配件能够正常地测试采集。

(4) 准备测试中所需设备和工具,包括电钻,膨胀螺丝,扳手等传感器安装工具,木质垫板、重锤、脱钩、起重机械等设施。

10.3.3 现场检测

1. 导向装置及重锤就位

建议采用重锤、导向架,脱钩一体的、能固定重锤自由下落轨迹的专用高应变锤击设备,如图10-7所示。

图 10-7　导向装置及重锤示意图

选择导向装置目的是保证现场安全,减少锤击偏心现象。

导向装置安装要求底座稳固,锤的重心与桩中心轴线重合。

建议导向装置及重锤最先就位,以防止因导向装置及重锤的就位对已安装的传感器发生撞击损坏或对传感器电缆的损伤、压断等。

桩顶应设置垫层,桩垫可根据经验采用10~30mm厚的木板或胶合板等材料。锤重较轻或锤击落距较低时,选用较薄的桩垫;锤重较重或锤击落距较高时,选用较厚的桩垫。

2. 传感器安装

1) 安装位置的选择和处理

(1) 传感器安装位置的选择

① 对称安装在距桩顶不小于 $2d$ 的桩侧表面处(d 为桩径),对大直径桩不得小于 $1d$。

② 远离不均匀处(如接桩、焊接处或面积变化处),最好在其下大于 $1d$ 的非离。

③ 避免安装至裂缝处,缝隙会产生错误的应变读数。

④ 处于地面或水面以上,确保传感器接头处于水面以上。

(2) 传感器安装位置的处理

灌注桩:采用磨光机磨平传感器安装面,要求传感器安装面与桩轴线平行。

预制桩:可挑选光滑安装面。

2）膨胀螺栓的安装

（1）钻孔位置。首先确定加速度计安装钻孔位置，一般选择距桩顶 $2d$ 深度的位置。其次确定应变环安装钻孔位置，应变环安装的 2 个钻孔之间的距离参见产品说明书，且 2 个钻孔的连线与桩轴线平行。应变环安装 2 个钻孔连线的中心与加速度计安装钻孔应位于同一水平线上，如图 10-8 所示，两者间的距离参见产品说明书。要求桩两侧加速度计安装钻孔的连线通过桩中心，桩两侧应变环安装钻孔的连线也通过桩中心。

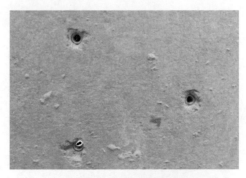

图 10-8　钻孔位置示意图

（2）钻孔原则。钻孔应与桩侧表面垂直。使用带电锤的冲击钻在选定的钻孔位置进行钻孔。根据选用的膨胀螺栓直径选择冲击钻钻头，一般选择 $\phi 6mm$。为防止打孔偏位或破坏传感器安装面，一般采用小钻头开孔定位，正常直径钻头成孔。

（3）膨胀螺栓安装。将选用的膨胀螺栓敲入钻孔中。安装后的膨胀螺栓应与桩身紧密接触，保证桩身的变形情况能够真实地反映在传感器上。

3）传感器安装

将传感器对称安装在膨胀螺栓处，如图 10-9 所示。

图 10-9　传感器安装示意图

安装要求如下。

（1）安装应牢固，不得在锤击过程中产生相对滑动。

（2）应变环传感器中心与加速度计中心应位于同一水平线上。

（3）传感器的敏感轴与桩中心轴平行。

（4）传感器安装过程中应监测应变传感器初始变形值。安装完成的应变传感器初始变形值不应超过规定值。

4）连接仪器与传感器

按产品说明书要求将传感器连接至测试电缆,再将电缆连接至主机。

3. 参数设置

通常分为一般设置和传感器设置。一般设置主要针对工程信息、桩的参数、桩的密度、桩的波速、锤重落距、设计承载力、计算方法等信息进行交互输入。具体设置细节参考产品说明书。传感器设置针对加速度计参数、应变环参数等进行输入。

设置完成后进行仪器自检,判断各通道信号是否能正常采集、应变传感器安装是否平衡,保证锤击信号能够正常采集。观察应变传感器监视指示灯,全绿灯视为正常,如果不是绿灯,请检查应变传感器状态是否正常并重新安装或调整应变传感器。

4. 数据采集

重锤敲击桩头产生激振信号,通过安装在桩侧的 4 组传感器获取当前锤击的 4 条原始信号曲线。

1）试验步骤

（1）通过轻微敲击加速度传感器确认能否正常触发采集信号。

（2）提升重锤到预定的落距高度;点击采样,等待落锤。

（3）打开脱钩,落锤之后,点击暂停,采集完成。

（4）若需要复打,重复(2)、(3)步骤。

（5）点击换桩保存。

采集结束后关闭主机,清理高应变测试电缆和高应变测试传感器,将设备放入仪器箱固定的位置中存放。

2）注意事项

现场检测信号出现下列情况之一时,应停止检测,且严禁将其用于分析。

（1）力和速度信号第一峰起始比例失调。

（2）测试波形紊乱。

（3）桩身缺陷程度加剧。

10.3.4 检测数据分析与判定

数据采集完成后,仪器显示 4 个传感器采集的原始曲线,通过系统界面按钮能自动转换成 F-Z·V 曲线(传感器安装位置的桩身截面受力及速度的时程曲线),详图请扫描右侧二维码。

高应变采样曲线

1. 采样曲线的要求

（1）实测波形应符合下列要求。

① 力曲线和速度曲线在起始阶段应重合,两者峰值一般情况下出现在同一时刻 t_1,且幅值基本相等;在 t_1 至 t_1+2L/c 时间内,力曲线和速度曲线应逐渐分离。

② 力曲线和速度曲线应基本光滑、无振荡或低频噪声信号叠加,且曲线尾部应归零。

③ 同一根被检桩相邻两次有效采样信号应有较好的重复性。

(2) 当出现下列情况之一时,高应变锤击信号不能作为承载力分析计算的依据。
① 传感器安装处混凝土开裂或出现严重塑性变形,使力曲线最终未归零。
② 锤击严重偏心,两侧力信号幅值相差超过 1 倍。
③ 受触变效应的影响,桩在多次锤击下承载力下降。
④ 桩身有明显的缺陷。
⑤ 4 通道测试数据不完整。

检测桩身完整性和承载力时,应及时检查采集数据的质量、桩顶最大锤击力和动位移、贯入度以及桩身最大拉(压)应力、桩身缺陷程度及其发展情况等,并由此综合判定本次采集信号的有效性。每根被检桩的有效信号数不应少于 2 组。

2. 桩身完整性判定

桩身完整性可按表 10-11 的规定并结合经验判定,其中桩身完整性系数 β 值计算详见《公路工程基桩检测技术规程》(JTG/T 3512—2020)。此外可通过商家配套软件自动计算获得。

表 10-11 桩身完整性判定

桩身完整性类别	β 值	桩身完整性类别	β 值
Ⅰ	$0.95<\beta\leqslant1.00$	Ⅲ	$0.60\leqslant\beta<0.80$
Ⅱ	$0.80\leqslant\beta\leqslant0.95$	Ⅳ	$\beta<0.60$

3. 单桩竖向抗压承载力

目前,在我国应用范围最广泛的高应变分析方法采用凯斯法(CASE 法)和实测曲线拟合法。

1) 凯斯法

试沉桩时如现场需要判定单桩竖向抗压承载力,可采用凯斯法对单桩竖向抗压承载力进行初步计算,且应符合下列规定。

(1) 仅限于中、小直径桩,且应有较可靠的地区经验。

(2) 桩身材质应基本均匀、截面应基本相等。

凯斯法计算单桩竖向抗压承载力详见相应规范,通常可通过商家配套软件自动计算获得。

2) 实测曲线拟合法

实测曲线拟合法是高应变法中确定单桩竖向抗压承载力最可靠的方法,但实测曲线拟合法需要在室内根据实测波形进行计算拟合无法满足试沉桩时有时需要初步确定单桩竖向抗压承载力的要求。

4. 数据分析及报告输出

通常现场测试结束后,需要通过专用软件进行数据曲线的调整、分析和测试报告输出,通过软件计算获得单桩竖向抗压承载力、桩身完整性、桩身应力等一系列结论数据。操作流程如下。

(1) 打开厂商专用软件,如凯斯分析软件,加载从仪器中导出的实测曲线波形文件。

(2) 观察曲线,包括原始数据加速曲线、应变曲线及由仪器软件自动计算获得的力曲线、速度曲线等。原始曲线如果有杂波,可以作适当的滤波处理。

(3) 调整曲线。要求力曲线和速度曲线起点、峰值点重合,尾端归零。

(4) 定桩头、桩底。桩头为峰值点,桩底为反射点,或下行波上升沿的起点到上行波下降沿的起点。

(5) 保存凯斯数据,输出检测报告。通过检测报告可读出各项结论数据。

(6) 用厂商专用拟合软件进行实测曲线拟合,输出检测报告。

5. 检测报告

检测报告应包括以下内容。

(1) 被检桩与对应地质柱状图的相对位置。

(2) 被检桩的施工概况。对于灌注桩应提供成桩方法、充盈系数,宜提供成孔质量检测结果;对于预制桩应提供锤的型号或压机型号、最后 10 击贯入度或最后的压桩力。

(3) 计算中实际采用的桩身波速。

(4) 选用的各单元桩土模型参数、土阻力沿桩身的分布图。

(5) 实测贯入度。

(6) 试沉桩和沉桩监控所采用的桩锤型号、垫层类型,监测所得锤击数、桩侧阻力、桩端静阻力、锤击拉应力和压应力、桩身完整性及能量传递比随入土深度的变化。

本试验检测记录表可参考表 10-12。

表 10-12 基桩高应变检测记录表

工程名称								检测时间		
桩 型				锤 型				检测仪器		
桩长(m)				锤 重				仪器编号		
桩径(mm)				传感器号		A_1	A_2	F_1		F_2
桩截面面积(m^2)				灵敏度值						
桩号	击号	测桩点下长 (m)	桩深入土度 (m)	落距 (m)	设定值				极限承载力 (kN)	备注
					A (m^2)	P (t/m^2)	C (m/s)	E (kPa)	J_c	

检测人:　　　　　　　　　　　计算:　　　　　　　　　　　校核人:

复习思考题

一、单项选择题

1. 确定桥梁基桩承载力最可靠的方法是(　　)。

　　A. 机械阻抗法　　　B. 高应变法　　　C. 小应变法　　　D. 静载试验

2. 基桩静载试验采用锚桩反力梁加载装置时,锚桩与试桩的净中心距应大于试桩直径的( )倍。
    A. 2   B. 3   C. 4   D. 5

3. 反力装置能提供的反力相对于最大加载量应有一定的储备,一般为其( )倍。
    A. 1.3   B. 1.5   C. 2.0   D. 3.0

4. 某桥梁钻孔灌注桩的桩长为30m,桩径为600mm,采用锚桩反力法进行承载力检测,基准桩与试桩的距离应( )m。
    A. ≥2   B. ≥2.4   C. ≥3   D. ≥3.6

5. 根据《公路桥涵施工技术规范》(JTG/T 3650—2020),采用慢速维持荷载法加载试验,下述要求正确的是( )。
    A. 加荷分级不宜少于8级
    B. 每级加载量为预估最大荷载的 1/15～1/10
    C. 最大加载量不应小于设计荷载的 2.5 倍
    D. 每级加载下沉量如不大于 0.01mm 时,即可认为稳定

6. 根据《公路桥涵施工技术规范》(JTG/T 3650—2020),采用慢速维持荷载法加载试验,下述情况应终止加载的是( )。
    A. 总位移量大于或等于 0.05D,本级荷载沉降量大于或等于前一级荷载下沉降量的 5 倍
    B. 总位移量大于或等于 0.05D,加上本级荷载 12h 后尚未达到相对稳定的标准
    C. 巨粒土、砂类土、坚硬黏质土中,总下沉量等于 40mm
    D. 试验加载达到了基桩设计荷载的 2.5 倍

7. 桥梁基桩竖向静载试验中,对于砂类土,在最后( )min 内,如果下沉量小于 0.1mm,即可视为稳定。
    A. 10   B. 20   C. 30   D. 40

8. 试验确定桥梁单桩竖向抗压极限承载力时,根据《建筑基桩检测技术规范》(JGJ 106—2014)的要求,当某级荷载下桩顶沉降量大于前一级荷载沉降量的 2 倍,且 24h 尚未达到相对稳定标准的情况下,取( )作为其极限承载力。
    A. 当前级荷载值   B. 前一级荷载值
    C. 当前级荷载值的 1/2   D. 前一级荷载值的 1/2

9. 根据沉降随荷载变化的特征确定,对于陡降型 Q-s 曲线,单桩竖向抗压极限承载力取( )。
    A. 发生陡降的起始点对应的荷载值
    B. 发生陡降的终点切线与 Q 轴交点对应的荷载值
    C. 发生陡降的起始点对应的荷载值的 1/2
    D. 发生陡降的终点切线与 Q 轴交点对应的荷载值的 1/2

10. 根据沉降随时间变化的特征确定,单桩竖向抗压极限承载力取 s-$\lg t$ 曲线尾部出现明显向下弯曲的( )。
    A. 当前级荷载值   B. 前一级荷载值

C. 当前荷载值的 1/2　　　　　　D. 前一级荷载值的 1/2

11. 当出现某级荷载下,桩顶沉降量大于前一级荷载的 2 倍,且 24h 未达到相对稳定的状态,单桩竖向抗压极限承载力取(　　)。

　　A. 当前级荷载值　　　　　　　B. 前一级荷载值
　　C. 当前级荷载值的 1/2　　　　D. 前一级荷载值的 1/2

12. 对于缓变型 Q-s 曲线,可根据沉降量确定,宜取 $s=40mm$ 对应的荷载值。当桩长大于 40m 时,宜考虑桩身弹性压缩量;对直径大于或等于 800mm 的桩,单桩竖向抗压极限承载力可取(　　)对应的荷载值。

　　A. $s=0.05D$　　　　　　　　B. $s=0.5D$
　　C. $s=80mm$　　　　　　　　D. $s=60mm$

13. 当判定竖向承载力未达到极限时,单桩竖向抗压极限承载力取(　　)。

　　A. 最大加载值的 2 倍　　　　　B. 最大加载值的前一级荷载值
　　C. 最大加载值的 1/2　　　　　D. 最大加载值的前一级荷载值的 1/2

二、多项选择题

1. 基桩竖向受荷载作用的极限承载大小取决于(　　)。
　　A. 桩自身的混凝土强度和桩周地基土强度
　　B. 桩周地基土的侧摩阻力和端阻力
　　C. 桩身混凝土与桩周层位相对移量
　　D. 采用等贯入速率法、循环加卸载法、荷载维持法等不同试验方法

2. 桥梁桩基静荷载试验包括的内容有(　　)。
　　A. 静拔试验　　　　　　　　　B. 静压试验
　　C. 高应变动力检测试验　　　　D. 静推试验

3. 对试验桩的要求正确的是(　　)。
　　A. 试验桩的成桩工艺和质量控制标准应与工程桩一致
　　B. 桩身混凝土达到 28d 强度
　　C. 试验桩桩头混凝土可用 C30 砂浆抹平
　　D. 试验桩顶部露出试坑地面的高度不宜小于 800mm

4. 采用高应变法检测桥梁基桩时,现场采集信号出现(　　)情况时,其信号不得作为分析计算的依据。
　　A. 力的时程曲线最终未归零
　　B. 严重偏心锤击,侧力信号呈现受拉现象
　　C. 传感器安装处混凝土开裂
　　D. 桩底反射信号明显

5. 基桩静载试验包括(　　)。
　　A. 超声波检测　　　　　　　　B. 单桩竖向抗压静载试验
　　C. 单桩竖向抗拔静载试验　　　D. 单桩水平静载试验

6. 混凝土灌注桩承载力检测,对于混凝土的要求正确的有(　　)。
　　A. 混凝土龄期应达到 28d 或强度达到设计要求

B. 混凝土龄期应达到14d或强度达到设计要求
C. 桩头混凝土强度不低于C30
D. 桩头混凝土强度不低于C15

7.《公路工程基桩检测技术规程》(JTG/T 3512—2020)规定,基桩竖向荷载试验时,当出现(　　)情况时,可终止加载。

A. 某级荷载作用下的沉降大于前一级荷载沉降量的5倍,基桩顶总沉降量大于40mm
B. 某级荷载作用下的沉降大于前一级荷载沉降量的5倍,基桩顶总沉降量大于50mm
C. 某级荷载作用下的沉降大于前一级荷载沉降量的2倍,且经24h尚未稳定,同时桩顶总沉降量大于40mm
D. 某级荷载作用下的沉降大于前一级荷载沉降量的2倍,且经24h尚未稳定,同时桩顶总沉降量大于50mm

三、判断题

1. 桥梁基桩静载试验加载方式采用慢速维持荷载法(逐级加载),每级荷载达到相对稳定后加下一级直到试桩被破坏,然后直接卸载到零。(　　)
2. 桩的水平荷载试验可采用连续加载或循环加载两种方式。(　　)

附表

$$t_\alpha/\sqrt{n} \text{ 值}$$

保证率 n	99%	95%	90%	保证率 n	99%	95%	90%
1	22.501	4.465	2.176	21	0.552	0.376	0.289
2	4.021	1.686	1.089	22	0.537	0.367	0.282
3	2.270	1.177	0.819	23	0.523	0.358	0.275
4	1.676	0.953	0.686	24	0.510	0.350	0.269
5	1.374	0.823	0.603	25	0.498	0.342	0.264
6	1.188	0.734	0.544	26	0.487	0.335	0.258
7	1.060	0.670	0.500	27	0.477	0.328	0.253
8	0.966	0.620	0.466	28	0.467	0.322	0.248
9	0.892	0.580	0.437	29	0.458	0.316	0.244
10	0.833	0.546	0.414	30	0.449	0.310	0.239
11	0.785	0.518	0.393	40	0.383	0.266	0.206
12	0.744	0.494	0.376	50	0.340	0.237	0.184
13	0.708	0.473	0.361	60	0.308	0.216	0.167
14	0.678	0.455	0.347	70	0.285	0.199	0.155
15	0.651	0.438	0.335	80	0.266	0.186	0.145
16	0.626	0.423	0.324	90	0.249	0.175	0.136
17	0.605	0.410	0.314	100	0.236	0.166	0.129
18	0.586	0.398	0.305	>100	2.3265	1.6449	1.2815
19	0.568	0.387	0.297				

参考文献

[1] 中华人民共和国交通运输部.公路工程质量检验评定标准 第一册 土建工程:JTG F80/1—2017[S].北京:人民交通出版社,2018.

[2] 中华人民共和国交通运输部.公路路基路面现场测试规程:JTG 3450—2019[S].北京:人民交通出版社,2020.

[3] 中华人民共和国交通运输部.公路水运试验检测数据报告编制导则:JT/T 828—2019[S].北京:人民交通出版社,2019.

[4] 中华人民共和国交通运输部.公路工程基桩检测技术规程:JTG/T 3512—2020[S].北京:人民交通出版社,2020.

[5] 顾俊,邹定南.道路桥梁工程检测技术[M].北京:人民交通出版社,2019.

[6] 孙舒,贺新春.路桥检测技术[M].北京:机械工业出版社,2019.

[7] 赵金云.公路工程检测技术[M].北京:北京理工大学出版社,2018.

[8] 申建,张立华.公路工程检测实务[M].北京:北京理工大学出版社,2019.

[9] 交通运输部职业资格中心.公路水运工程试验检测专业技术人员职业资格考试用书:道路工程[M].北京:人民交通出版社,2022.

[10] 交通运输部职业资格中心.公路水运工程试验检测专业技术人员职业资格考试用书:公共基础[M].北京:人民交通出版社,2022.

[11] 交通运输部职业资格中心.公路水运工程试验检测专业技术人员职业资格考试用书:桥梁隧道工程[M].北京:人民交通出版社,2022.